MW00911629

美食天下 第一辑

中国烹饪协会美食营养专业委员会 推荐

糖尿病
食物交换份速查

《美食天下》编委会 编

重庆出版集团 重庆出版社

目录
Contents

42 油焖大虾+炒双青+菠菜肉丸汤+三丝炒面条

43 双耳滑鸡煲+清炒彩椒+海鲜双丸汤+米饭

44 孜然羊肉+甜椒蒜薹+米饭

44 肉末苦瓜条+清炒白菜心+玉米面发糕

45 虾仁菜花+干烧冬笋+千层饼

46 肉丝焖扁豆+米饭+银芽拌金针菇

46 尖椒炒虾+素烧菠菜+馒头

47 干烧平鱼+虾皮炒白菜+椒盐花卷

● 601～800千卡热量套餐

48 豆角焖羊肉+蒜苗炒豆腐+火腿鸡蛋汤+牛奶馒头

49 茄汁鸡球+凉拌黄瓜+素菜三丝汤+包子

50 黄油焖鸡翅+西芹百合+银耳红枣汤+玉米面发糕

50 烧海参虾仁+回锅豆腐+鸡丝清汤+麻酱烧饼

51 肉末酸豆角+香辣藕丝+米饭

52 清炒鱼笋片+鸡蛋炒韭菜+火腿丝汤+米饭

52 烩鸡肉丸子冬瓜+腐乳龙须菜+黄瓜鸡蛋汤

53 肉末酿番茄+草菇西蓝花+虾仁青菜汤+馒头

54 炸烹虾段+奶油菜花+娃娃菜火腿汤+玉米面发糕

55 丝瓜酿肉+葱油全鱼+鸡蛋炒饭

56 烧香菇鸡块+蚝油生菜+鸡蛋番茄面

56 菊花肉丝+拌什锦小菜+麻酱花卷

57 山药炒肉片+小泥肠炒鸡蛋+米饭

58 尖椒熘肝片+芝麻菠菜+椒盐花卷

58 炸茄合+番茄鸡蛋+馒头

59 香肠炒菜花+凉拌海蜇皮黄瓜+咖喱炒米饭

60 牛肉白萝卜+鸡丝金针菇+米饭

60 宫保肉丁+芹菜炒猪肉+口蘑清汤+花卷

61 蚝油牛肉片+素菜包子+三色沙拉

● 801～1000千卡热量套餐

62 洋葱番茄炒牛肉丝+口蘑菜花+番茄鸡蛋汤+米饭

63 尖椒碎米鸡+栗子炖白菜+肉丝银芽汤+馒头

64 香肠炒荷兰豆+皮蛋豆腐+麻酱花卷

64 清炖羊排白萝卜+素焖扁豆+牛舌饼

65 猪肝炒黄瓜+番茄双蛋+大饼

66 家常酱猪蹄+莴笋炒鸡蛋+菜丝炒河粉

66 软炸鸡条+番茄菜花+虾仁豆腐汤+玉米面窝头

67 番茄鸡丁+蒜蓉荷兰豆+紫菜虾皮汤+椒盐花卷

68 烧焖牛肉+银针胡萝卜丝+冬瓜猪肉丸子汤+花卷

69 香葱爆羊肉+椒盐圆白菜丝+鸡爪汤+花卷

70 红烧带鱼段+口蘑冬瓜+萝卜排骨汤+馒头

71 韭菜肉丝+芝麻藕片+蒜黄腊肉+猪肉粉丝菠菜+馒头

糖尿病配餐工具
——食物交换份法

■饮食治疗糖尿病的7大原则

　　糖尿病的饮食治疗基本原则就是合理控制总能量，维持理想体重。对于肥胖者来说，应该减少能量摄入以减轻体重。对于消瘦者则应适当提高能量摄入以增加体重。而孕妇、乳母、儿童应增加维持其特殊生理需要和生长发育的能量需要。

❶ 糖类不宜限制过严

　　糖类，是人体的主要供能营养素。在中国，根据大多数民族的生活习惯，饮食多以富含糖类的粮食为主食。糖类按照化学结构分为单糖、双糖和多糖。葡萄糖和果糖属于单糖，蔗糖和乳糖属于双糖，多糖主要有淀粉、糊精和膳食纤维等。所有的糖类在消化道均转化为单糖（主要是葡萄糖）而被吸收。

　　过去在糖尿病的饮食治疗中，都强调要严格限制糖类的摄入，而现在研究发现，适当提高糖类摄入量并不增加胰岛素的需求，反而可提高胰岛素的敏感性，对病情的控制非常有利。这种提高糖类在总能量中的比例的主张，并不是让患者随意吃糖和甜食等含单双糖类的食物，而是适当放宽富含复合糖类（多糖）的食物，如粮谷、薯类。

　　糖尿病患者饮食中糖类应占总能量的50%～60%，应以多糖类食物为主，尽量避免食用单糖、双糖，以防血糖波动。谷类食物是糖类的主要来源，其他淀粉类食物如土豆、红薯、芋头、粉条、粉皮等糖类也不少，糖类的选择一般要考虑该食物的血糖生成指数（GI）。当病情控制不好时，胰腺功能较差，这时糖类的比例应适当降低，待病情得到控制后再逐渐增加主食量。

❷ 脂肪摄入要合理

脂肪的摄入量不宜过高，一般按总能量的20%～25%供给，不宜超过30%（烹调油及多种植物所含的脂肪均应计算在内）。除了控制脂肪的总摄入量外，还应注意脂肪的成分比例，即注意饱和脂肪酸和不饱和脂肪酸的比例。现在一般推荐健康人的脂肪酸比例为：饱和脂肪酸：单不饱和脂肪酸：多不饱和脂肪酸＝1：1：1，而对于糖尿病患者，应该适当提高单不饱和脂肪酸的比例，单不饱和脂肪酸可以占到总脂肪酸的40%左右。

【动物性脂肪】（在动物脂、乳、蛋类中）含饱和脂肪酸多，摄入过多可导致血清胆固醇增高而引起动脉硬化症，应严格限制摄入。

【植物油】（如豆油、花生油、芝麻油、玉米油、葵花籽油等）富含不饱和脂肪酸，在体内与胆固醇结合成酯，可促进胆固醇的代谢。

不饱和脂肪酸又可分为单不饱和脂肪酸和多不饱和脂肪酸。花生油、菜籽油、玉米油、大豆油之类的植物油是饮食中多不饱和脂肪酸的主要来源，但由于多不饱和脂肪酸在体内代谢过程中容易氧化而对机体产生不利影响，所以也需限量。而单不饱和脂肪酸则是较理想的脂肪来源，在茶油和橄榄油中含量丰富，经济条件许可时，应优先选用。脂肪总量包括肉类、鱼类、坚果类和烹调油等食物提供的总量，来自烹调油的脂肪量不要超过30克，即3汤勺。

糖尿病患者还应注意限制饮食中的胆固醇摄入量，一般每天在300毫克以下，以防止动脉硬化的发生。含胆固醇较多的食物有动物内脏、蛋黄、鱼子等。食物中的胆固醇含量见表1-1。

◆ 表 1-1 部分食物中的胆固醇含量（毫克/100 克食物）◆

食物	胆固醇	食物	胆固醇	食物	胆固醇
猪肉（瘦）	81	牛乳（鲜）	15	鲤鱼	84
猪肉（肥）	109	牛乳（酸）	15	胖头鱼	112
猪脑	2571	奶酪（干酪）	11	罗非鱼	78
猪舌	158	全脂牛乳粉	110	黄鳝	126
猪心	151	脱脂牛乳粉	28	鲫鱼	130
猪肝	288	鸡	106	鲫鱼子	460
猪肺	290	鸡肝	356	墨鱼	226
猪肾	354	鸡胗	174	对虾	193
猪肚	165	填鸭	96	基围虾	181
猪大肠	137	普通鸭	94	虾子	896
猪肉松	111	鸡蛋	585	蟹（河蟹）	267
蒜肠	51	鸡蛋黄	1510	蟹（海蟹）	125
火腿肠	57	松花蛋	595	蟹子	985
腊肠	88	鹌鹑蛋	515	海参（干）	62
牛肉（瘦）	58	凤尾鱼(罐头)	330	海蜇皮	8
牛肉（肥）	133	大黄鱼	86	猪油（炼）	93
牛脑	2447	带鱼	76	牛油（炼）	135
牛舌	92	鲳鱼（平鱼）	77	黄油	296
羊肉（瘦）	60	青鱼	108	奶油	209
羊肉（肥）	148	草鱼	86	冰淇淋	51

摘自中国疾病预防控制中心营养与食品安全所编著《中国食物成分表·2002》

❸ 蛋白质摄入可按正常人的标准

糖尿病患者的蛋白质摄入量为每千克体重1.0～1.2克，占总能量的12%～20%，其中至少应有1/3来自优质蛋白质。优质蛋白质有很多来源，比如乳类及乳制品、蛋类、鱼虾类、禽肉、畜肉（瘦肉）及大豆制品等。处于生长发育期的儿童，或有特殊需要或消耗者，如妊娠、哺乳、消耗性疾病、消瘦患者，应增加蛋白质的摄入量，可按每千克体重1.5克供给。增加蛋白质的摄入时应监测肾功能，合并肾病者应慎重。

❹ 矿物质、维生素应满足需要

糖尿病患者的尿量较多，使B族维生素的丢失和消耗增加，应该注意补充。

B族维生素如维生素B_1、维生素B_2、维生素B_6、维生素B_{12}对糖尿病多发性神经炎有一定的辅助治疗作用。维生素B_6、维生素B_{12}及叶酸能降低血浆中的同型半胱氨酸，而同型半胱氨酸正是动脉粥样硬化的危险因素之一。

抗氧化的维生素如维生素C、维生素E、β-胡萝卜素等，可以减低自由基对患者肾脏、眼晶状体及神经的损害。

微量元素如铬、锰、锌等有利于脂质代谢，三价铬是葡萄糖耐量因子的组成部分，良好的铬营养有助于改善糖尿病患者的糖耐量，增强胰岛素的敏感性。

糖尿病患者易患骨质疏松症，因此应注意补充维生素D和钙、磷。

Part 1 糖尿病配餐工具——食物交换份法

◆ 表1-2 几种常见维生素的主要食物来源 ◆

常见维生素	主要食物来源
维生素B$_1$	瘦肉、动物内脏、豆类、种子、坚果类及未精制的谷类
维生素B$_2$	动物内脏、蛋类、奶类、各种肉类、蔬菜、水果
维生素B$_6$	动植物性食物均含有，通常肉类、全谷类产品（特别是小麦）、蔬菜和坚果类中最高。生物利用率：动物性来源优于植物性来源
维生素B$_{12}$	动物性食物如肉类、动物内脏、鱼、禽、贝壳类及蛋类
维生素C	新鲜蔬菜和水果
维生素E	植物油、麦胚、坚果、种子类、豆类及其他谷类
β-胡萝卜素	深色蔬菜和深色水果
维生素D	海水鱼、肝、蛋黄等动物性食物及鱼肝油制剂

🫧 吃水果定时定量

【吃水果要限量】每天可以吃200克左右的水果。同时，所吃水果的量要固定，不要今天吃得少，明天吃得多，这样会使血糖波动，不利于医生掌握病情、调整药物。

【吃水果要计算能量】糖尿病患者吃了水果必须减少主食。要把水果的能量折算到患者一天摄入的总能量中，以一天吃200克苹果为例，则主食建议减少25克，这样才能保证全天饮食能量平衡。即把水果能量与其他食物进行等份交换，不能因吃水果而导致能量超标。同时，对于糖尿病患者，前提是水果要少吃，切莫大量吃。大量吃可能造成血糖迅速升高，而高血糖持续时间长的话，则会加重胰腺负担。

【掌握吃水果的时间】吃水果的时间有讲究，忌餐前和餐后吃，宜作为加餐或睡前1小时吃。"加餐"即两个正餐之间进食水果，如上午

9～10时、下午3～4时，既预防低血糖，又保证血糖不发生大的波动。

【选择适合自己的水果】可以选择血糖生成指数低一些的水果。西瓜、苹果、猕猴桃含糖量比较低，此类水果可以提供丰富的维生素、矿物质和果胶，还含有很多微量元素，对于提高、改善糖尿病患者体内胰岛素的活性也是很有帮助的。

【吃水果前和后2小时自测血糖】由于个体的差异，可能有的人吃完含糖量低的水果反而血糖升高速度很快，所以含糖低的水果只能是推

◆ 表1-3　常见水果的糖类含量（克/100克食物）◆

名　称	糖类含量	名　称	糖类含量
西瓜	5.8	苹果	13.3
甜瓜	6.2	柚子	9.5
白兰瓜	5.3	芦柑	10.3
哈密瓜	7.9	菠萝	10.8
木瓜	7.0	草莓	7.1
芒果	8.3	猕猴桃	14.5
橙子	11.1	桂圆	16.6
葡萄	10.3	荔枝	16.6
杏	9.1	红果	25.1
樱桃	10.2	香蕉	22.0
桃	12.2	柿子	18.5
梨	13.5	鲜枣	30.5

摘自中国疾病预防控制中心营养与食品安全所编著《中国食物成分表·2002》

荐，仍然要自己检测、摸索，寻找适合自己的水果。吃水果前和后2小时测血糖波动大小，这样可以掌握自己能否进食某类水果。

⑥ 要有充足的膳食纤维

膳食纤维是指植物性食物中所含的一类不能被肠道内消化酶分解的多糖类物质，可分为可溶性和不可溶性膳食纤维两种。

【膳食纤维对血糖的影响】可溶性膳食纤维有豆胶、果胶、树胶等，在豆类、水果、海带等食品中含量较多，在胃肠道遇水后与葡萄糖形成黏胶而减慢糖的吸收，降低餐后血糖和胰岛素的水平，并能降低胆固醇。不可溶性膳食纤维有纤维素、半纤维素和木质素等，可在肠道吸附水分，形成网络状，使食物与消化液不能充分接触，故淀粉类消化吸收减慢，可降低餐后血糖、血脂，增加饱腹感并软化大便。

【推荐摄入量】糖尿病患者每日膳食纤维摄入量以30克左右为宜，食入过多会引起胃肠道反应。平时多吃一些富含膳食纤维的天然食物，如粗粮（玉米、小米、燕麦片、全麦粉、莜麦面等）、豆类、蔬菜及藻类，必要时还应添加膳食纤维（如魔芋精粉）类食品。每天摄入500克蔬菜+200克水果+100克粗杂粮基本可满足膳食纤维需求。

⑦ 保持膳食平衡

人体为了保持健康，需要从自然界摄取40多种营养素，每种食物各有其营养优势，食物没有好坏之分。如何选择食物的种类和数量来搭配就存在合理与否的问题，比如牛奶，虽然营养丰富，却属于贫铁食物，肉类虽然含铁较多却只含有少量的钙。所以，只有做到不挑食、不偏食、食物多样化，才能使人体最大限度地获得所需的各种营养素。平衡膳食的概念就是既能够提供人体所需营养素，又不致过量，且各种营养素之间保持合适比例的膳食。

食物交换份法与常见食物交换份表

食疗是治疗各型糖尿病的基础，无论病情是否严重，且有无并发症，使用何种药物，都要严格执行糖尿病配餐原则，以保证从根本上控制和缓解糖尿病。

食物交换份法是将食物按照来源、性质分成几类，同类食物在一定重量内所含的蛋白质、脂肪、糖类及能量相近。按照此法将食物分成七大类：谷薯类、蔬菜类、水果类、大豆类、肉鱼蛋类、乳类和油脂类，每个食物交换份可产生90千卡能量。此法虽然不是十分精确，但简便易行，可以帮助糖尿病患者快速、简便地安排饮食，配合治疗。

常见食物交换份表

◆ 表1-4 食物交换份表——谷薯类 ◆

1份重量（克）	食物举例
25	大米、籼米、小米、玉米面、面粉、通心粉、荞麦面、干粉条、各种挂面、龙须面、藕粉、苏打饼干
30	切面
35	馒头、烧饼、烙饼、咸面包、窝窝头
125	土豆、藕、芋艿（芋头）
200	鲜玉米
300	凉粉

注：一个谷薯类食物交换份可产生376千焦（90千卡）能量，其中含有糖类20克，蛋白质2克，脂肪0.5克。

◆ 表 1-5　食物交换份表——蔬菜类 ◆

1份重量（克）	食物举例
70	鲜豌豆、毛豆
150	山药、荸荠、藕、凉薯
200	胡萝卜
250	扁豆、豇豆、蒜苗、洋葱
350	南瓜、马兰头、油菜、萝卜、豆苗、丝瓜、花菜
400	辣椒（青、尖）、柿子椒、白萝卜、茭白、冬笋
500	白菜、青菜、鸡毛菜、菠菜、韭菜、莴笋、黄瓜、苦瓜、茄子、番茄、绿豆芽、鲜蘑菇、菜瓜、西葫芦、冬瓜、竹笋、芹菜、海带

注：一个蔬菜类食物交换份可产生376千焦（90千卡）能量，其中含有糖类17克，蛋白质5克。

◆ 表 1-6　食物交换份表——水果类 ◆

1份重量（克）	食物举例
150	柿子、鲜荔枝、香蕉
200	橙子、橘子、苹果、梨、猕猴桃、菠萝、李子、桃、樱桃、葡萄、杏、柚子
300	草莓、杨桃
500	西瓜

注：一个水果类食物交换份可产生376千焦（90千卡）能量，其中含有糖类21克，蛋白质1克。

◆ 表1-7 食物交换份表——大豆类 ◆

1份重量（克）	食物举例
20	腐竹
25	大豆粉、大豆、绿豆、红小豆、芸豆、干豌豆
50	豆腐丝、豆腐干
100	北豆腐
150	南豆腐（嫩豆腐）
400	豆浆（黄豆25克加水磨浆）

注：一个豆类食物交换份可产生376千焦（90千卡）能量，其中含有糖类4克，蛋白质9克，脂肪4克。

◆ 表1-8 食物交换份表——肉鱼蛋类 ◆

1份重量（克）	食物举例
15	鸡蛋粉
20	熟火腿、香肠
25	猪肥肉
35	熟叉烧肉（无糖）、午餐肉、熟酱牛肉、熟酱鸭
50	猪瘦肉、牛肉、羊肉、鸭肉、鹅肉
60	鸡蛋、鸭蛋、松花蛋、鹌鹑蛋
80	带鱼、鲤鱼、大黄鱼、鳝鱼、鲫鱼、对虾、青虾、鲜贝
100	兔肉、蟹肉、水发鱿鱼
150	鸡蛋清
350	水发海参

注：一个肉鱼蛋类食物交换份可产生376千焦（90千卡）能量，其中含有蛋白质9克，脂肪6克。

◆ 表1-9　食物交换份表——乳类 ◆

1份重量（克）	食物举例	1份重量（克）	食物举例
20	全脂奶粉	130	酸牛奶（无糖）
25	脱脂奶粉、乳酪	160	牛奶、羊奶

注：一个乳类食物交换份可产生376千焦（90千卡）能量，其中含有糖类6克，蛋白质4克，脂肪5克。

◆ 表1-10　食物交换份表——油脂类 ◆

1份重量（克）	食物举例
10	花生油、麻油、玉米油、菜籽油、豆油、猪油、黄油
15	花生仁（约20粒）、杏仁、芝麻酱、松子、核桃仁
30	葵花籽、南瓜籽

注：一个油脂类食物交换份可产生376千焦（90千卡）能量。

◆ 表1-11　不同能量需求的糖尿病患者饮食一日内容 ◆

能量（千卡）	谷薯类（克）	份	蔬菜类（克）	份	肉蛋类（克）	份	大豆类（克）	份	乳类（克）	份	油脂类（克）	份
1000	150	6	500～750	1	75	1.5	25	0.5	250	1.5	10	1
1200	200	8	500～750	1	75	1.5	25	0.5	250	1.5	15	1.5
1400	225	9	500～750	1	125	2.5	25	0.5	250	1.5	15	1.5
1600	250	10	500～750	1	175	3.5	25	0.5	250	1.5	15	1.5
1800	300	12	500～750	1	175	3.5	25	0.5	250	1.5	20	2
2000	350	14	500～750	1	200	4	25	0.5	250	1.5	20	2

■食物交换份法应用原则

糖尿病患者应该遵循平衡膳食的原则，尽量做到食物种类的多样化，以保证营养摄入全面。

同类食品可以互换。如50克大米可以和50克面粉互换。一般不提倡不同类别间的互换，比如不要为了多吃肉类而用瘦肉去替换主食。但是不同类食品当营养素结构相似时，也可互换。如我们所推荐的饮食中一般都包含大豆类，如果某日没有进食大豆类食品，可从瘦肉类食品中选择替换。

表1-11中没有列出水果类是因为糖尿病患者在血糖不稳定时不推荐食用水果，当血糖控制理想时可适量添加，但同时要减少部分主食。如在不增加全天总能量的条件下，吃500克西瓜和35克馒头所产生的能量是一样的。

食物交换份对供能营养素的计算比较粗略，它把许多同类食物归在一个能量水平上，其实每种食物的能量还是有些差别的，但是使用食物交换份能够简化糖尿病患者的饮食计算过程，所以此方法有很好的实用性。

● 应用举例

某患者计算得出一日能量摄入为1600千卡，那么从表1-11中找到1600千卡所在行，即一日需摄入谷薯类10份、蔬菜类1份、肉蛋类3.5份、大豆类0.5份、乳类1.5份、油脂类1.5份。比如其中"谷薯类10份"就可以从表1-4中进行选择：如"大米10份（即250克）"或"大米8份＋面粉1份＋苏打饼干1份"。

🍴 **计算总热量，合理安排三餐**

每日总能量的设计是以维持标准体重为原则的，标准体重的计算在临床上一般采用的公式为：

★标准体重（千克）＝身高（厘米）－105

（正常体重为标准体重±10%，超过10%～20%为超重，超过20%为肥胖）

如果超重或肥胖，应在根据标准体重计算出的能量基础上再加以限制；如果是消瘦或体重不足，要适当放宽能量限制。

中国成人体质指数标准：

消瘦 BMI<18.5	正常 18.5～23.9	超重 24.0～27.9	肥胖 ≥28

◆ **表1-12 不同体力劳动强度的能量需求量** [单位：千卡／（千克·日）] ◆

劳动强度	举　　例	一日所需能量		
		消瘦	正常	超重或肥胖
卧床	在家休息人员	20～25	15～20	15
轻	办公室职员、教师、售货员、钟表修理工	35	30	20～25
中	学生、司机、电工、外科医生	40	35	30
重	农民、建筑工、搬运工、伐木工、舞蹈演员	45～50	40	35

注：年龄超过50岁者，每增加10岁，能量需求量应酌情减少10%左右。

16

另外，还可根据体质指数来判断体型：

★体质指数BMI＝体重（千克）/［身高（米）]^2

计算举例：一男性糖尿病患者，45岁，身高175厘米，体重72千克，从事办公室工作，他的一日能量为多少？

标准体重为175－105＝70千克，BMI＝72/1.75^2＝23.5，均属于正常。根据表1-12，轻体力活动且正常体型的患者每日所需能量应该为30千卡/（千克·日），即该患者的一日能量计算得72×30＝2160千卡。

【如何制订饮食计划】

1.判断自己的体型、劳动强度。

2.计算一日所需能量，特殊病情如肾病需要限制蛋白质的要另行计算。

3.能量固定下来后，可以根据食物交换份表1-11确定自己一天中各种食物的具体需求量。

4.按照自己制定的餐次分配食物。

另外，保持饮食的规律，要做到定时定量，运动也要有一定的规律，与饮食配合，保持血糖的稳定。

【合理安排餐次，三餐之间最好有加餐】

糖尿病患者每日至少应吃三餐，并将主副食合理地分配在每餐中。如果是吃三餐，主食量可以按照1：2：2进行分配。

而加餐是防止糖尿病患者发生低血糖的最有效的方法。特别是晚上临睡前的加餐尤为重要，可以防止夜间低血糖。应用胰岛素或口服降糖药的患者容易出现低血糖，每天应该吃5～6餐，也就是除了三次正餐外，应再有2～3次加餐。这样可以防止因某一餐吃得较多，导致血糖明显升高，也可以防止两餐之间因间隔时间过长而引起低血糖。

加餐的时间可以选择上午9点、下午3点和晚上临睡前。可以从正餐中留出25～50克主食作为加餐食物，也可以选择牛奶、水果（血糖稳定时）等。加餐的食物应该计算在一日总能量之内，不能超过规定的量。

案例分析1

糖尿病患者，女性，无并发症，年龄35岁，身高165厘米，体重62千克，办公室职员，安排一日饮食。

患者理想体重165－105＝60千克，实际体重62千克，BMI＝22.77，体型正常，劳动强度属轻型。一日能量计算：60×30＝1800千卡。（参见表1-12）

参见表1-11，找到能量1800千卡所在行，每日饮食内容为：谷薯类12份，蔬菜类1份，肉蛋类3.5份，大豆类0.5份，乳类1.5份。

◆ 若餐次定为每日5餐，可以设计如下 ◆

餐次	饮食内容			
早餐	谷薯类2份	鸡蛋1个	乳类1.5份	
加餐	谷薯类1份			
午餐	谷薯类4份	肉类1份	大豆类0.5份	蔬菜类0.5份
加餐	谷薯类1份（或水果类1份）			
晚餐	谷薯类4份	肉类1.5份		蔬菜类0.5份

案例分析2

糖尿病患者，男性，无并发症，年龄42岁，身高170厘米，体重75千克，公务员，安排一日饮食。

患者理想体重170－105＝65千克，实际体重75千克，BMI＝25.95，体型为超重，劳动强度属于轻型。一日能量计算：65×20＝1300千卡，65×25＝1625千卡≈1600千卡。（参见表1-12）

该患者一日能量摄入范围为1300～1600千卡，可以根据实际情况进行选择。以1600千卡为例，参见表1-11，找到能量1600千卡所在行，其他步骤同案例1。

◆ 若餐次定为每日5餐，可以设计如下 ◆

餐次	饮食内容			
早餐	谷薯类2份	鸡蛋1个	乳类1.5份	
加餐	谷薯类1份			
午餐	谷薯类3份	肉类1份	大豆类0.5份	蔬菜类0.5份
加餐	谷薯类1份（或水果类1份）			
晚餐	谷薯类3份	肉类1.5份		蔬菜类0.5份

🔍 案例分析3

糖尿病患者，女性，无并发症，年龄60岁，身高162厘米，体重48千克，已退休，安排一日饮食。

患者理想体重162－105＝57千克，实际体重48千克，BMI＝18.29，体型为消瘦，劳动强度属于轻型。（参见表1-12）

一日能量计算：57×35＝1995千卡。而患者年龄60岁，一日能量应为1995×（1－10%）＝1795≈1800 千卡。

参见表1-11，找到能量1800千卡所在行，其他步骤同案例1。

特定热量套餐速配

■200～400千卡热量套餐

营养组合 01

豆浆180克+小菜5克+摊鸡蛋饼	
热量	200千卡
蛋白质	12.3克
脂肪	9.15克
糖类	19.5克
膳食纤维	2.49克

摊鸡蛋饼

原料: 鸡蛋1个、面粉35克、植物油4克；盐。

做法

1 将鸡蛋打入碗中，搅成蛋液，加少许盐，再加入面粉，搅打成鸡蛋糊。

2 将煎锅内加入植物油，烧至五成热时，加入鸡蛋糊，同时把火关小，将两面煎熟装盘即可。

营养组合 02

牛奶150克+油煎鸡蛋+咸面包25克	
热量	213千卡
蛋白质	10.1克
脂肪	10.98克
糖类	18.6克
膳食纤维	0.13克

油煎鸡蛋

原料: 鸡蛋1个、植物油3克。

做法

1 鸡蛋磕入碗中，打散备用。

2 平底锅放油烧热，放入鸡蛋液，煎至两面定型即可。

营养组合 03

小笼包+豆腐脑100克+番茄1个	
热量	203千卡
蛋白质	8.5克
脂肪	8.0克
糖类	26.0克
膳食纤维	1.35克

小笼包

原料： 自发面粉50克、猪瘦肉馅25克；香油、盐。

做法

1 自发面粉加适量温开水和成面团，发酵后制成包子皮备用。

2 猪瘦肉馅中加入香油、盐拌匀，包入包子皮中，蒸熟即可。

营养组合 04

面条菜汤+素包子+煮鸡蛋	
热量	207千卡
蛋白质	10.0克
脂肪	3.67克
糖类	34.5克
膳食纤维	1.06克

Part 2 特定热量套餐速配

面条菜汤

原料： 挂面15克、番茄50克、小白菜25克；盐、鸡精、酱油、香油。

做法

1 小白菜、番茄洗净，切好备用。

2 锅中放清水，水开后加入番茄稍煮，加入挂面、鸡精、酱油，待挂面煮熟后，放入小白菜稍煮。

3 加入香油，出锅即可。

素包子

原料： 自发面粉25克、小白菜25克、鸡蛋1个；盐、十三香。

做法

1 自发面粉加温开水和成面团，发酵后做成包子皮。

2 小白菜洗净，切碎，加盐、十三香，磕入鸡蛋，制成素菜馅。

3 将包子皮中包入调制的素菜馅，蒸熟即可。

肉末菜粥+油饼+茶叶蛋1个	
热量	236千卡
蛋白质	12.0克
脂肪	11.59克
糖类	21.9克
膳食纤维	0.91克

肉末菜粥

原料： 猪瘦肉末10克、小白菜25克、大米10克；盐、鸡精、酱油、植物油。

做法

1 锅中加水烧沸，加入大米，熬至黏稠；小白菜洗净，切碎。

2 另起锅，倒入植物油烧热，将肉末煸熟，加入小白菜碎，略炒后加入酱油、盐、鸡精，炒熟后倒入熬好的粥锅里即可。

油饼

原料： 自发面粉15克；植物油、盐。

做法

1 自发面粉加适量水、盐，和成面团，发酵后擀成饼。

2 将饼放入热油锅中炸熟即可。

紫米粥+猪肉包子+煮鸡蛋1个	
热量	233千卡
蛋白质	12.6克
脂肪	6.56克
糖类	31.5克
膳食纤维	0.58克

紫米粥

原料： 紫米10克、大米5克。

做法

1 将洗净的紫米放入沸水锅中煮至五成熟。

2 加入洗净的大米后继续煮，开锅后，改用小火熬至黏稠即可。

猪肉包子

原料： 自发面粉60克、猪肉馅50克；盐、香油。

做法

1 自发面粉加适量水和成面团，待发酵。

2 猪肉馅加入盐、香油调匀。

3 发酵面团制成包子皮，包入猪肉馅，上锅蒸熟即可。

营养组合 07

燕麦粥+咸面包片25克+拍黄瓜	
热量	229千卡
蛋白质	9.9克
脂肪	7.99克
糖类	30.8克
膳食纤维	1.43克

燕麦粥

原料: 燕麦15克、牛奶150毫升。

做法

1 将牛奶放入锅中煮沸。

2 加入燕麦,煮3~5分钟即可。

拍黄瓜

原料: 黄瓜100克;香油、盐、蒜泥。

做法

1 黄瓜洗净,拍一下,切成块。

2 黄瓜块放入碗中,加入香油、盐、蒜泥拌匀即可。

营养组合 08

豆腐脑100克+芝麻烧饼+炝拌莴笋丝	
热量	230千卡
蛋白质	10.0克
脂肪	11.0克
糖类	25.3克
膳食纤维	2.45克

炝拌莴笋丝

原料: 莴笋50克、植物油2克;盐、干红辣椒丝。

做法

1 莴笋去皮,切成丝备用。

2 植物油放入锅中,加入干红辣椒丝煸出香味,倒入莴笋丝中,加盐调味即可。

芝麻烧饼

原料: 自发面粉50克;白芝麻、花椒粉、盐。

做法

1 自发面粉加水和成面团,发酵后擀片,撒花椒粉、盐,卷成条。

2 把卷好的面团切成小块,抓紧两边,重新卷一下,撒上白芝麻,制成面饼,放入烤箱烤熟即可。

京葱肉卷+馄饨汤+ 煎鸡蛋1个（油7克）	
热量	268千卡
蛋白质	11.9克
脂肪	15.3克
糖类	21.0克
膳食纤维	0.41克

京葱肉卷

原料: 猪瘦肉末10克、大葱3克、自发面粉25克；香油、盐、鸡精、酱油。

做 法

1 自发面粉加温开水和成面团，擀成面皮；大葱洗净，切末。

2 猪瘦肉末中加入大葱末、盐、鸡精、酱油、香油，搅拌均匀，包在面皮中，上锅蒸25分钟，切成块即可。

馄饨汤

原料: 馄饨50克、虾皮、紫菜各1克；酱油、香菜段。

做 法

1 虾皮和紫菜、酱油放在大碗中。

2 馄饨入锅煮熟后，连汤一起倒入大碗中，放上香菜段即可。

玉米面粥+猪肉大葱包子+ 小菜	
热量	260千卡
蛋白质	10.5克
脂肪	5.2克
糖类	45.5克
膳食纤维	2.76克

玉米面粥

原料: 玉米面20克。

做 法

1 玉米面放入少许凉水中搅成糊。

2 锅中加一碗水烧沸，将玉米面糊放入锅中搅匀，煮沸即可。

猪肉大葱包子

原料: 自发面粉35克、猪肉馅15克、大葱5克、植物油2克；盐。

做 法

1 自发面粉加温开水和成面团，用擀面杖制成包子皮；大葱洗净，切成末备用。

2 猪肉馅中加入大葱末、植物油、盐、拌成肉馅，包入包子皮中，上锅蒸熟即可。

小菜

原料: 油菜80克;香油、盐。

做 法

1 油菜洗净,切成段,放入沸水中焯烫,沥干水分。

2 油菜段中加香油、盐拌匀即可。

营养组合 11

薏米粥+芝麻烧饼25克+咸鸡蛋1个	
热量	263千卡
蛋白质	11.1克
脂肪	10.42克
糖类	31.5克
膳食纤维	0.49克

薏米粥

原料: 薏米10克、大米5克。

做 法

1 将薏米洗净后放入水中浸泡2小时,取出后放入沸水锅中,熬至五成熟。

2 下入洗净的大米,先用大火稍煮至沸,后改用小火,煮熟即可。

营养组合 12

绿豆粥+玉米面发糕+茶叶蛋1个	
热量	261千卡
蛋白质	12.3克
脂肪	5.27克
糖类	42.4克
膳食纤维	1.38克

绿豆粥

原料: 绿豆5克、大米10克。

做 法

1 将绿豆洗净,放入沸水锅中,煮至七成熟。

2 再加入洗净的大米,锅煮沸后,改用小火煮至豆烂、米熟,起锅即可。

玉米面发糕

原料: 自发面粉30克、玉米面15克。

做 法

1 将自发面粉和玉米面混合均匀,加入温开水调成面糊,待发酵。

2 将发酵好的面糊切成方块状,放入笼屉中的蒸布上,蒸熟即可。

皮蛋瘦肉粥+金丝卷+小菜30克	
热量	291千卡
蛋白质	11.4克
脂肪	6.55克
糖类	47.5克
膳食纤维	1.12克

皮蛋瘦肉粥

原料: 大米、松花蛋各20克，猪瘦肉末10克；姜末、盐、鸡精。

做法

1 大米洗净，入沸水锅中煮一段时间，再改用小火熬至黏稠。

2 把松花蛋切成米粒大小的丁，同煸熟的肉末一起放入锅内，再加入姜末、盐和鸡精调味即可。

金丝卷

原料: 面粉25克、大黄米15克、奶油3克；发酵粉。

做法

1 面粉加清水、发酵粉和奶油和成面团，饧发，擀成薄面片。

2 大黄米下锅焖成米饭，卷在面片中，切开，上锅蒸30分钟即可。

龙须面汤+凉拌腐竹西芹+油条30克	
热量	295千卡
蛋白质	12.8克
脂肪	10.82克
糖类	35.5克
膳食纤维	1.12克

龙须面汤

原料: 龙须面25克、大白菜100克、香菜末5克、香油1克；盐、鸡精。

做法

1 龙须面入沸水中煮一会儿。

2 大白菜洗净后切成丝，放入面条锅中，加入盐、鸡精，面煮熟后撒上香菜末，淋上香油即可。

凉拌腐竹西芹

原料: 西芹50克、腐竹12克、香油2克；盐、醋。

做法

1 腐竹泡发，切成段；西芹洗净，切成段，放入沸水锅中焯烫至熟，捞出，凉凉，沥干水分。

2 将腐竹段、西芹段装入碗中，加入醋、香油、盐拌匀即可。

营养组合 15

鸡蛋番茄汤+猪肉包子+ 小菜5克	
热量	319千卡
蛋白质	17.2克
脂肪	8.43克
糖类	44.6克
膳食纤维	1.09克

鸡蛋番茄汤

原料： 鸡蛋1个、番茄100克、香油1克；盐、鸡精、香菜末、清汤。

做 法

1 鸡蛋打散；番茄洗净，切片。

2 锅中放清汤、番茄片煮沸，放入鸡蛋液、盐、鸡精、香油、香菜末调匀即可。

猪肉包子

原料： 自发面粉50克、猪瘦肉馅20克、香油1克；大葱、盐。

做 法

1 自发面粉加温开水和成面团，制成包子皮备用。

2 大葱洗净，切成末，放入猪瘦肉馅中，加入香油、盐拌匀，包入包子皮中，上笼蒸熟即可。

营养组合 16

酸奶125克+凉拌菠菜+ 西葫芦摊鸡蛋饼	
热量	323千卡
蛋白质	12.0克
脂肪	11.59克
糖类	43.5克
膳食纤维	1.11克

西葫芦摊鸡蛋饼

原料： 鸡蛋1个、面粉35克、西葫芦50克、植物油5克；盐。

做 法

1 将西葫芦洗净，去皮，擦成丝。

2 将鸡蛋磕入碗中，加入面粉、西葫芦丝、盐，搅拌成面糊。

3 平底锅倒入油烧至三成热，加入调好的面糊，摊成饼状，两面煎熟即可。

凉拌菠菜

原料： 菠菜80克、香油1克；盐。

做 法

1 菠菜洗净，焯烫，沥干水分。

2 焯好的菠菜切碎，加盐、香油拌匀即可。

营养组合 17

鸡肉馄饨+烧饼+咸鸡蛋1个

热量	351千卡
蛋白质	16.8克
脂肪	7.45克
糖类	55.5克
膳食纤维	1.63克

鸡肉馄饨

原料： 鸡肉馅10克、馄饨皮35克、紫菜2克、虾皮1克；盐、鸡精、酱油、葱、香菜。

做法

1 葱洗净，切成末；鸡肉馅中加入盐、鸡精、葱末，搅拌均匀，调制成馅。

2 馄饨皮中包入馅料，捏成馄饨。

3 锅内加水烧沸，放入馄饨、紫菜、虾皮、酱油，煮至馄饨熟，撒适量香菜即可。

烧饼

原料： 自发面粉35克；盐、芝麻酱。

做法

1 自发面粉加适量水揉成面团，待发酵后擀成大片。

2 盐与芝麻酱加少许水搅匀，抹在面片上，将面片卷成卷。

3 卷好的面片切成小段，两边收口捏紧，擀成片，静置20分钟成饼坯，放入烤箱烤熟即可。

营养组合 18

肉丝龙须面汤+咸鸭蛋0.5个+馒头40克

热量	352千卡
蛋白质	14.9克
脂肪	6.25克
糖类	59.7克
膳食纤维	0.73克

肉丝龙须面汤

原料： 猪肉丝10克、龙须面30克、豆芽50克、香油1克；盐、鸡精、植物油、香菜末。

做法

1 锅置火上，放入少量油烧热，放入肉丝煸炒片刻，再放入豆芽一起炒，盛出备用。

2 锅内加倒入清水，水煮沸后放入龙须面，待面条煮熟时，加入煸炒好的肉丝、豆芽，加入盐、鸡精调味，撒上香菜末，淋上香油即可。

营养组合 19

牛肉红枣汤+玉米面发糕+拌豆芽	
热量	353千卡
蛋白质	11.4克
脂肪	3.30克
糖类	81.5克
膳食纤维	6.47克

牛肉红枣汤

原料： 水发银耳100克、牛肉300克、红枣20颗；盐、味精。

做法

1 牛肉洗净，切成块；银耳洗净，撕小朵；红枣（去核）洗净。

2 将牛肉块、红枣、银耳放入砂锅中，加水1000毫升，用小火炖至牛肉熟烂，加盐和味精即可。

拌豆芽

原料： 尖椒50克、黄豆芽100克、香油1克；盐。

做法

1 尖椒洗净，切成丝；豆芽洗净，与尖椒丝分别入沸水焯熟。

2 尖椒丝和豆芽混合均匀，加入香油、盐拌匀即可。

营养组合 20

荞麦面条+小笼包50克+拍黄瓜100克（香油1克）	
热量	381千卡
蛋白质	14.9克
脂肪	7.16克
糖类	67.4克
膳食纤维	3.33克

荞麦面条

原料： 荞麦面条30克、香油1克；香菜末、盐、鸡精。

做法

1 锅内加入清水，煮沸后加入荞麦面条，煮至面条熟透。

2 加入鸡精、盐，撒上香菜末，淋上香油即可。

营养组合 01

绿豆粥1碗+韭菜合子+ 小菜10克	
热量	411千卡
蛋白质	13.5克
脂肪	14.39克
糖类	59.0克
膳食纤维	2.45克

韭菜合子

原料：韭菜100克、鸡蛋1个、面粉50克、植物油10克；香油、盐、鸡精。

做法

1 面粉中加入适量水和成面团；鸡蛋打散；韭菜洗净，切成末。

2 炒锅加入少量油烧热，把鸡蛋液倒入油中炒成小碎块，盛出，与韭菜末、盐、香油、鸡精一起拌成馅。

3 面团擀成薄片，上面放上韭菜鸡蛋馅，包成韭菜合子。

4 平底锅中倒油烧热，放入韭菜合子，用小火煎熟即可。

营养组合 02

牛奶麦片粥1碗+鸡蛋煎饼+ 小菜20克	
热量	443千卡
蛋白质	17.7克
脂肪	14.46克
糖类	62.81克
膳食纤维	2.27克

鸡蛋煎饼

原料：鸡蛋1个、面粉50克、西葫芦丝20克、植物油5克；葱花、盐。

做法

1 将鸡蛋磕入碗中，加入面粉、西葫芦丝、葱花、盐，搅成面糊。

2 平底锅放油烧热，将调好的面糊倒入锅中，煎熟即可。

营养组合 03

莲子大米粥+素馅包子+小菜20克	
热量	440千卡
蛋白质	15.8克
脂肪	10.17克
糖类	73.64克
膳食纤维	2.54克

莲子大米粥

原料： 大米、莲子各10克。

做法

1 大米淘洗干净；莲子用温水泡10分钟。

2 锅中加水，放入莲子和大米，煮沸后转小火煮半小时即可。

素馅包子

原料： 自发面粉60克、鸡蛋1个、小白菜100克、植物油6克；盐。

做法

1 自发面粉加入适量温开水和成面团，制成包子皮备用。

2 鸡蛋打散，放油锅中炒成碎；小白菜洗净，剁碎备用。

3 鸡蛋碎与小白菜碎混合，加入植物油、盐拌匀，制成馅。

4 将素菜馅包入包子皮中，蒸熟即可食用。

营养组合 04

鸡丝面条汤+芝麻烧饼30克+煮鸡蛋1个	
热量	439千卡
蛋白质	23.8克
脂肪	12.24克
糖类	62.14克
膳食纤维	3.93克

鸡丝面条汤

原料： 干香菇10克、鸡脯肉30克、龙须面50克；香油、盐、鸡精、香菜。

做法

1 鸡脯肉洗净，切成丝；香菇泡发后切成丝；香菜洗净，切成末。

2 锅内加水烧沸，放入龙须面煮片刻，加入鸡丝、香菇丝、盐、鸡精，煮透后淋入香油，撒上香菜末即可。

营养组合 05

牛奶250克+无糖蛋糕75克+拌西芹	
热量	442千卡
蛋白质	18.7克
脂肪	16.40克
糖类	56.65克
膳食纤维	1.35克

拌西芹

原料： 西芹100克、香油1克；盐。

做 法

1 西芹洗净，切成段，用沸水焯一下备用。

2 西芹段中加入香油、盐拌匀即可。

营养组合 06

鸭肉馄饨+千层饼30克+煮鸡蛋1个	
热量	469千卡
蛋白质	23.1克
脂肪	8.88克
糖类	74.5克
膳食纤维	1.0克

鸭肉馄饨

原料： 鸭脯肉30克、馄饨皮65克、紫菜2克、虾皮1克、香油2克；盐。

做 法

1 紫菜、虾皮、盐放入碗中。

2 鸭脯肉剁碎后加少许盐调成馅，包入馄饨皮中，制成馄饨，放沸水锅中煮熟，连汤一起倒入碗中，淋上香油，拌匀即可。

营养组合 07

豆浆250克+葱花摊鸡蛋+小菜35克	
热量	470千卡
蛋白质	22.2克
脂肪	14.30克
糖类	67.13克
膳食纤维	4.62克

葱花摊鸡蛋

原料： 鸡蛋1个、面粉75克、葱花30克、植物油6克；盐。

做 法

1 打蛋液，加入葱花、盐、面粉拌匀。

2 平底锅加少许油，烧至四成热时加入鸡蛋液，两面煎熟即可。

营养组合 08

雪菜炒肉丝+腐竹炒莴笋+鱼丸汤+花卷35克	
热量	471千卡
蛋白质	27.5克
脂肪	26.38克
糖类	38.7克
膳食纤维	3.26克

雪菜炒肉丝

原料: 腌雪里蕻100克、猪五花肉35克、豆油5克;葱末、姜末、料酒、酱油、味精。

做 法

1 将腌雪里蕻去根及老叶,洗净,切成细末。

2 猪肉洗净,切成细丝。

3 锅中倒豆油烧至六成热,放入葱末、姜末煸炒出香味,再投入肉丝炒至变白。

4 放入腌雪里蕻末、料酒、酱油、味精及少量沸水,盖上锅盖略焖一下,炒匀即可。

腐竹炒莴笋

原料: 莴笋75克、腐竹15克、植物油4克;盐。

做 法

1 腐竹,洗净,用温水泡4小时,切成条;莴笋洗净,去皮后切成条,用沸水烫一下备用。

2 锅中倒入油烧热,加入莴笋条和腐竹条炒透,加入盐翻炒入味即可盛出。

鱼丸汤

原料: 鳜鱼肉15克、菠菜50克、香油1克、盐、鸡精、料酒、胡椒粉、葱末、姜末。

做 法

1 鳜鱼肉处理干净,用刀背拍成蓉,放入碗中,加入葱末、姜末、盐、料酒、胡椒粉,搅拌成鱼肉蓉;菠菜洗净,切段备用。

2 锅内加清水烧沸,加入鱼肉蓉,用小火煮,将熟时加入菠菜段,再加入盐、香油、胡椒粉、鸡精调味,出锅即可。

Part 2 特定热量套餐速配

33

香辣牛肉片+青蒜拌豆腐+番茄虾仁汤+鸡蛋炒饭	
热量	503千卡
蛋白质	29.1克
脂肪	21.53克
糖类	47.9克
膳食纤维	1.21克

香辣牛肉片

原料： 牛肉60克、虾片10克、植物油5克；干红辣椒丝、蒜末、葱末、沙茶酱、咖喱粉、生抽、水淀粉、盐、料酒、高汤。

做法

1 葱洗净，切末；蒜洗净，切末。

2 牛肉切成片，放碗中，加料酒、盐、生抽、水淀粉腌渍一下。

3 锅置火上，倒油烧热后放入虾片炸至开花，捞出，摆入盘中；锅内留底油，倒入牛肉片滑散，捞出，沥油。

4 另起锅，倒油烧至六成热，倒入葱末、蒜末、咖喱粉、料酒、沙茶酱、盐、高汤、牛肉片，炒匀后用水淀粉勾芡，收汁后出锅，盛入装有虾片的盘中，撒上干红辣椒丝即可。

青蒜拌豆腐

原料： 豆腐25克，色拉油、香油各1克；青蒜、盐、味精。

做法

1 青蒜洗净，切成末；把豆腐用沸水烫透，切丁备用。

2 豆腐丁放入盘中，撒上青蒜末，再倒入色拉油、盐、味精和香油拌匀即可。

番茄虾仁汤

原料： 虾仁10克、番茄50克、香油1克；盐、鸡精、胡椒粉。

做法

1 虾仁洗净；番茄洗净，切片。

2 锅内倒入清水，加入虾仁、番茄片烧沸，再加入盐、鸡精、胡椒粉，淋上香油即可。

鸡蛋炒饭

原料： 大米50克、鸡蛋1个、植物油4克；盐、香油。

做法

1 大米加适量水做成米饭；鸡蛋磕入碗中搅匀，倒入米饭中拌匀。

2 锅内倒植物油烧热，放入混合好的米饭炒匀，加入盐、香油调味即可。

营养组合 10

彩椒炒鸡丁+海米炒白菜+菠菜蛋花汤+麻酱花卷	
热量	503千卡
蛋白质	33.1克
脂肪	16.70克
糖类	34.9克
膳食纤维	5.09克

彩椒炒鸡丁

原料： 红椒、青椒、黄椒各30克、鸡肉35克、植物油5克；盐、鸡精。

做法

1 红椒、青椒、黄椒洗净，切丁；鸡肉切丁备用。

2 锅内加油烧至五成热时，放入鸡丁煸炒片刻，然后加入彩椒炒匀，加入盐、鸡精调味即可。

菠菜蛋花汤

原料： 菠菜100克、鸡蛋1个；盐、鸡精、香油。

做法

1 菠菜洗净，切段备用。

2 锅中加入清水，烧沸后加入菠菜段，再次烧沸后淋入鸡蛋液，加盐、鸡精、香油调味即可。

海米炒白菜

原料： 白菜帮200克、海米15克、植物油5克；盐、鸡精、葱末、姜末。

做法

1 白菜帮洗净，切成条；海米用热水浸泡5分钟。

2 锅内放油烧热，加入葱末、姜末，再加上白菜条和海米，炒透后加入盐、鸡精调味即可。

麻酱花卷

原料： 面粉200克；发酵粉、食用碱水、芝麻酱、植物油、红糖。

做法

1 面粉中加入温水、发酵粉、食用碱水，揉成面团，盖上湿布发酵30分钟；芝麻酱中加少量植物油和红糖搅拌均匀。

2 将发酵好的面团擀成一张大饼，把调好的芝麻酱倒在面饼上抹匀，将面饼卷起来，切成宽段。

3 将两个面段重叠在一起拉长，双手反方向拧180°，首尾的面头粘在一起，做成花卷生坯，放在蒸笼上用大火蒸20分钟即可。

红烧排骨+芝麻笋片+
菠菜泥奶油汤+黄金大饼

热量	512千卡
蛋白质	24.7克
脂肪	37.46克
糖类	27.2克
膳食纤维	4.39克

红烧排骨

原料: 猪排骨80克、植物油8克;酱油、料酒、葱段、姜片、花椒、桂皮、大料、陈皮、味精。

做法

1 排骨剁成块,洗净,沥干水分,用花椒、桂皮、大料腌片刻。

2 锅内放油烧热,放入葱段、姜片、陈皮稍炸,放入排骨块煸炒片刻,烹入料酒、酱油,待排骨块上色后,加入适量水烧沸,待排骨烧透,放味精调味即可。

芝麻笋片

原料: 莴笋150克、熟芝麻5克、花椒油3克;盐、味精、姜末、葱末。

做法

1 莴笋去皮,洗净,切成片,用沸水烫至断生,盛出过凉,沥水。

2 笋片放入碗中,加入花椒油、盐、味精、葱末、姜末、熟芝麻拌匀即可。

菠菜泥奶油汤

原料: 菠菜50克、奶油5克;盐、鸡精、清汤。

做法

1 菠菜洗净,用沸水烫一下,盛出,剁成细泥。

2 锅中加清汤和奶油烧沸,加入盐、鸡精、菠菜泥煮沸即可。

黄金大饼

原料: 自发面粉500克、白芝麻300克;植物油、炼乳、白糖、椰浆、莲蓉馅。

做法

1 将白糖、炼乳、椰浆、水放入容器中搅拌均匀。

2 自发面粉放入容器中,掺水揉成面团,搓条,下成4个生坯,揉成面团,用擀面杖擀成面皮,包入莲蓉馅,压成饼状。

3 饼的两面刷水,粘上白芝麻上笼蒸15分钟后取出。

4 待凉后放入油锅中炸至两面金黄即可。

营养组合 12

红腐乳烧肉+茭白丝炒蛋+萝卜丝汤+咖喱炒米饭	
热量	559千卡
蛋白质	27.7克
脂肪	28.48克
糖类	51.6克
膳食纤维	5.3克

红腐乳烧肉

原料： 猪后腿肉50克、红腐乳汁10克；植物油、酱油、料酒、葱、姜。

做法

1 葱、姜洗净，切丝；猪肉洗净，切成块。

2 将油烧热，炒香葱丝、姜丝，放入肉块煸炒至断生，加入料酒、红腐乳汁、酱油翻炒，加入适量清水烧沸，转小火焖至肉烂，收浓汤汁，盛盘即可。

茭白丝炒蛋

原料： 茭白150克、鸡蛋1个；植物油、葱丝、姜丝、盐、味精。

做法

1 把茭白洗净，切丝；鸡蛋打入碗内，加盐、味精调匀。

2 炒锅烧热后加油少许，油热后投入茭白丝煸炒几下，加葱丝、姜丝、盐、味精，继续炒至熟盛出。

3 另起锅加热，倒入油，油热即倒入打好的蛋液、茭白丝，慢慢推炒至蛋液裹住茭白丝，炒熟后装盘即可。

萝卜丝汤

原料： 萝卜、生菜各50克；大蒜、盐、鸡精、香油。

做法

1 萝卜、生菜洗净，切丝。

2 大蒜剥皮，洗净，切片。

3 锅中加入清水烧沸，加入萝卜丝、生菜丝、蒜片煮沸，再加入盐、鸡精、香油出锅即可。

咖喱炒米饭

原料： 胡萝卜、洋葱各50克，大米35克、植物油4克；咖喱粉。

做法

1 胡萝卜、洋葱洗净，切成小丁。

2 大米洗净，做成米饭备用。

3 锅内放油烧热，放入咖喱粉炒香，放入洋葱丁、胡萝卜丁炒至将熟，放入米饭炒至入味即可。

营养组合 13

红烧蹄筋+海米炝白菜+	
火腿三丝汤+什锦炒饭	

热量	562千卡
蛋白质	32.8克
脂肪	27.0克
糖类	48.1克
膳食纤维	5.89克

红烧蹄筋

原料： 猪蹄筋160克、植物油6克；豆瓣酱、高汤、料酒、葱、姜、味精。

做 法

1 将蹄筋处理干净，切块，焯熟后捞出；葱、姜洗净，切片。

2 锅内倒油烧热，把豆瓣酱、葱片、姜片下锅煸炒，烹入料酒，加高汤烧沸，撇去浮沫，把蹄筋放入锅中烧沸，转小火慢烧至蹄筋熟软，汤汁收干，放味精调味即可。

海米炝白菜

原料： 海米5克、白菜200克、植物油5克；盐、鸡精、葱。

做 法

1 白菜洗净，切块；海米用沸水泡15分钟；葱洗净，切末。

2 锅内放油烧至五成热，加葱末炝锅，加入白菜块、海米翻炒，最后加入盐、鸡精翻炒至熟即可。

火腿三丝汤

原料： 火腿25克、水发香菇50克、香油1克；葱丝、盐、鸡精、清汤。

做 法

1 火腿切丝；香菇洗净，切丝。

2 锅中加入清汤，加入火腿丝、香菇丝、葱丝，再加入盐、鸡精、香油即可。

什锦炒饭

原料： 胡萝卜125克，黄瓜、火腿各25克，大米35克；盐、植物油。

做 法

1 胡萝卜、黄瓜、火腿切丁；大米洗净，做成米饭。

2 锅内放油烧热，加胡萝卜丁、黄瓜丁、火腿丁炒至将熟，放盐调味，加入米饭炒至入味即可。

营养组合 14

煎烧牛里脊+醋熘大白菜+ 冬瓜海米汤+葱油花卷	
热量	560千卡
蛋白质	34.8克
脂肪	25.21克
糖类	55.4克
膳食纤维	5.28克

煎烧牛里脊

原料： 牛里脊肉80克、洋葱50克、鸡蛋1个、植物油5克；酱油、料酒、胡椒粉、盐、淀粉。

做法

1 将牛里脊肉切成约5厘米长的片，用鸡蛋液、淀粉、料酒、胡椒粉腌渍入味；洋葱去皮，洗净后切成丝。

2 锅内放油烧热，用中火煎牛里脊片，两面煎至变色，盛出放盘内；余油煸炒洋葱丝，出香味后，把肉片放在洋葱上，烹入酱油，加入盐调味，收浓汤汁，出锅即可。

醋熘大白菜

原料： 嫩白菜帮200克、植物油5克；醋、白糖、盐、鸡精、葱末。

做法

1 白菜帮洗净，切片。

2 锅中放入油烧热，再放入葱末炝锅，加入白菜帮翻炒，再加醋、白糖、盐、鸡精炒熟即可。

冬瓜海米汤

原料： 海米8克、冬瓜50克；盐、鸡精、香油、香菜末。

做法

1 冬瓜洗净，去皮，切成块；海米用温水泡开。

2 锅中加入清水，加入海米煮10分钟，再加冬瓜块煮3分钟，最后加入盐、鸡精、香油调味，放上香菜末即可。

葱油花卷

原料： 自发面粉50克、植物油2克；葱花、盐。

做法

1 自发面粉加入适量温开水和成面团，待发酵。

2 发酵面团擀成片，放葱花和植物油、盐，制成花卷，蒸熟即可。

烧香菇鸡腿+海米拌菜花+ 虾丸汤+烧卖	
热量	563千卡
蛋白质	45.9克
脂肪	23.7克
糖类	46.1克
膳食纤维	7.12克

烧香菇鸡腿

原料： 肉鸡腿80克、水发香菇150克、植物油5克；葱丝、酱油、料酒、姜片、盐、大料、味精、清汤。

做法

1 鸡腿煮熟，剁成块；香菇洗净，去蒂。

2 热锅热油，加大料、姜片、葱丝炝锅，烹入料酒、酱油，加盐和适量清汤烧沸，下香菇、鸡块，小火烧透，加味精调味即可。

海米拌菜花

原料： 海米10克、菜花150克；盐、鸡精、香油、香菜段。

做法

1 海米洗净，用沸水烫一下。

2 菜花焯熟，装盘，加盐、海米、鸡精、香油、香菜段拌匀。

虾丸汤

原料： 虾肉50克、鸡蛋1个；盐、胡椒粉、葱末、姜末、香油、香菜。

做法

1 虾肉砸成蓉，加入葱末、姜末、盐、鸡蛋液拌匀，做成虾丸；香菜洗净，切成末。

2 锅内加入清水烧沸，下入虾丸煮熟，再加入鸡精、胡椒粉、香油、香菜末即可。

烧卖

原料： 猪瘦肉馅15克、面粉40克、植物油2克；大葱、盐。

做法

1 面粉加凉水和成面团，制成烧卖皮；大葱洗净，切成末。

2 猪瘦肉馅加葱末、植物油、盐拌匀，包入烧卖皮中，蒸熟即可。

营养组合 16

京酱肉丝+黄瓜炒鸡蛋+ 白菜豆腐汤+炒河粉	
热量	582千卡
蛋白质	26.6克
脂肪	21.35克
糖类	73.4克
膳食纤维	2.97克

京酱肉丝

原料：猪瘦肉50克、京酱10克、植物油5克；味精、盐、葱白。

做 法

1 猪肉切成5厘米长的段，过油待用；葱白顺长切成5厘米长的细丝，放盘中备用。

2 锅中倒油烧热，放入京酱炒出香味，放入肉丝，加入盐、味精翻炒片刻出锅，倒在葱丝上即可。

黄瓜炒鸡蛋

原料：黄瓜150克、鸡蛋1个、植物油5克；盐、鸡精。

做 法

1 黄瓜洗净，切片；鸡蛋打散。

2 锅中倒油烧热，下鸡蛋液炒散，加黄瓜片、盐、鸡精炒熟即可。

白菜豆腐汤

原料：豆腐1块、白菜叶200克；清汤、植物油、味精、料酒、盐。

做 法

1 豆腐洗净，切片，焯烫，捞出；将白菜叶洗净，切成条状。

2 汤锅置大火上，放入少许植物油，添足量清汤，投入白菜叶条和豆腐片，炖至白菜烂后，放入盐、味精、料酒调味，盛入碗内即可。

炒河粉

原料：青菜100克、干河粉75克、植物油3克；盐。

做 法

1 青菜洗净，切段；河粉泡软。

2 将植物油烧热，放入青菜和泡好的河粉，炒好后加盐调味即可。

油焖大虾+炒双青+菠菜肉丸汤+三丝炒面条	
热量	580千卡
蛋白质	34.7克
脂肪	21.44克
糖类	70.5克
膳食纤维	8.45克

油焖大虾

原料： 大虾50克、植物油5克；料酒、葱丝、蒜、姜丝、盐、味精。

做法

1 虾处理干净；蒜切片备用。

2 植物油倒入锅中烧热，加入葱丝、姜丝、蒜片炝锅，放入虾炒片刻，加入料酒、盐和适量清水焖烧，加味精调味即可。

炒双青

原料： 青椒150克、青豆50克、植物油5克；盐、鸡精、葱末。

做法

1 青椒洗净，切丁；青豆洗净。

2 锅中倒油烧热，加葱末炝锅，下青椒丁、青豆炒熟，加盐、鸡精调味即可。

菠菜肉丸汤

原料： 菠菜100克、猪肉馅30克、香油1克；盐、鸡精、酱油、料酒。

做法

1 猪肉馅中加入盐、鸡精、香油、酱油、料酒拌匀，做成猪肉丸子备用；菠菜洗净，切成段。

2 锅中加入沸水，放入菠菜段和丸子煮片刻，加入盐、鸡精、香油调味，丸子熟后即可关火。

三丝炒面条

原料： 生面条80克，青椒丝、红椒丝、水发香菇各50克；植物油、盐。

做法

1 生面条煮熟，盛出；香菇切丝。

2 锅中倒油烧热，加香菇丝炒出香味，下青椒丝、红椒丝翻炒片刻，加盐，放入面条炒匀即可。

营养组合 18

双耳滑鸡煲+清炒彩椒+ 海鲜双丸汤+米饭40克	
热量	582千卡
蛋白质	27.8克
脂肪	20.62克
糖类	78.2克
膳食纤维	6.76克

清炒彩椒

原料: 青椒、红椒、黄椒各80克,植物油4克;盐、鸡精、大葱。

做法

1 彩椒洗净,去籽,切成条;大葱洗净,切成末。

2 锅中放油烧热,用葱末炝锅,再加入彩椒翻炒至熟,最后加入盐、鸡精翻炒片刻即可。

海鲜双丸汤

原料: 虾丸、鱼丸各25克;盐、鸡精、香菜段、清汤。

做法

1 香菜洗净,切成段。

2 锅中放入清汤、虾丸、鱼丸煮熟,加盐、鸡精调味,放上香菜段即可。

双耳滑鸡煲

原料: 银耳、黑木耳各15克,鸡肉200克,西芹100克,植物油5克;料酒、酱油、盐、葱花、姜丝、鸡汤。

做法

1 银耳、黑木耳发透,去根蒂,撕成瓣;西芹洗净,切成段;鸡肉切块备用。

2 将鸡肉放入碗内,加入料酒、酱油、葱花、姜丝、盐拌匀,腌渍半小时。

3 将炒勺放置大火上烧热,加入植物油烧六成热,下入鸡块、银耳、黑木耳、西芹翻炒片刻,再加入鸡汤煲至熟即可。

孜然羊肉+甜椒蒜薹+米饭50克	
热量	552千卡
蛋白质	22.0克
脂肪	24.64克
糖类	50.91克
膳食纤维	8.64克

孜然羊肉

原料： 羊肉50克、孜然5克、鸡蛋1个、笋片10克、植物油6克；料酒、盐、味精、辣糊、淀粉、香油、白糖、清汤、水淀粉。

做法

1 羊肉洗净，切片，加鸡蛋液、淀粉抓匀上浆。

2 锅中放油烧至五成热时，放入羊肉片滑散，放入笋片，一起翻炒片刻，盛出备用。

3 原锅中留油，放入辣糊、盐、白糖、味精、料酒、孜然、清汤、羊肉片、笋片，翻炒均匀，用水淀粉勾芡，淋香油即可。

甜椒蒜薹

原料： 蒜薹100克、甜椒150克、植物油4克；盐、鸡精。

做法

1 将蒜薹洗净，切成5厘米长的段；甜椒洗净，切成5厘米长的粗丝备用。

2 蒜薹段、甜椒丝放沸水中焯烫。

3 炒锅内放油烧热，放入蒜薹段、甜椒丝翻炒片刻，加入盐、鸡精炒匀即可。

营养组合 20

肉末苦瓜条+清炒白菜心+玉米面发糕30克	
热量	560千卡
蛋白质	28.5克
脂肪	18.41克
糖类	60.23克
膳食纤维	9.79克

肉末苦瓜条

原料： 苦瓜200克，猪肉末55克，红椒条、芽菜各50克，植物油4克；香油、盐、料酒、鸡精、姜丝、葱花、豆瓣酱、酱油。

做法

1 苦瓜去蒂、籽，洗净，切条。

2 锅内放油烧热，放入猪肉末翻炒至变色，烹入料酒，加豆瓣酱、葱花、姜丝炒匀，再放入苦瓜条、芽菜、红椒条、酱油翻炒至熟，撒鸡精、盐、淋香油即可。

清炒白菜心

原料: 白菜心200克、鸡汤100克、植物油3克；盐、葱、鸡精。

做法

1 白菜心洗净，切块；葱洗净，切成末。

2 锅内放油烧至六成热，加入葱末炝锅，加入白菜心翻炒至将熟，加入鸡汤、鸡精、盐稍炒片刻，盛盘即可。

营养组合 21

虾仁菜花+干烧冬笋+ 千层饼40克	
热量	503千卡
蛋白质	21.3克
脂肪	10.86克
糖类	59.2克
膳食纤维	8.17克

虾仁菜花

原料: 菜花200克、虾仁50克、水淀粉10克、植物油5克；葱、清汤、盐、味精、胡椒粉。

做法

1 将菜花洗净，掰成小朵，用沸水煮透，捞出，沥干。

2 虾仁用温水泡好；葱洗净，切成片备用。

3 将植物油烧至三成热，加入葱片炝锅，再倒入清汤烧沸，加入菜花和虾仁，炒熟后加入味精、盐、胡椒粉调味，用水淀粉勾芡，盛盘即可。

干烧冬笋

原料: 冬笋150克、枸杞子10克、植物油5克；麦冬、生栀子、鲜菊花、酱油、料酒、味精、清汤。

做法

1 冬笋洗净，切成菱形块。

2 锅中倒入植物油，烧至五成热时放入冬笋块煸炒，待呈金黄色后捞出，沥油。

3 锅中加入清汤、酱油、料酒、枸杞子、麦冬、鲜菊花、生栀子，用大火烧沸后转小火，放入冬笋块，烧至汤汁浓稠时，放入味精，装盘即可。

肉丝焖扁豆+米饭35克+ 银芽拌金针菇	
热量	540千卡
蛋白质	22.6克
脂肪	8.55克
糖类	63.0克
膳食纤维	4.93克

肉丝焖扁豆

原料: 扁豆50克、猪瘦肉30克、植物油5克；葱、姜、酱油、盐、味精。

做法

1 扁豆洗净，掰成3厘米长的段；猪肉洗净，切丝。

2 葱、姜洗净，切末备用。

3 锅中倒入植物油烧热，放入肉丝炒散，加入葱末、姜末、酱油煸炒，再放入扁豆段，添加少许水，焖熟后加入盐、味精翻炒均匀即可。

银芽拌金针菇

原料: 绿豆芽100克、金针菇25克、香油1克；盐、鸡精、香菜。

做法

1 绿豆芽洗净，焯熟；金针菇洗净，切段，焯熟；香菜洗净，切成末。

2 将绿豆芽、金针菇、盐、鸡精、香油、香菜末拌匀即可。

尖椒炒虾+素鸡菠菜+ 馒头50克	
热量	529千卡
蛋白质	21.7克
脂肪	15.53克
糖类	63.8克
膳食纤维	28.1克

尖椒炒虾

原料: 虾肉30克、尖椒100克、鸡蛋1个、淀粉13克、植物油5克；料酒、胡椒粉、盐、味精。

做法

1 虾肉洗净，沥干水分，用盐、料酒、鸡蛋液、淀粉拌匀上浆。

2 尖椒洗净，切菱形片。

3 将料酒、盐、味精、胡椒粉、淀粉调成料汁备用。

4 锅中倒入植物油烧热，放入虾肉、尖椒炒片刻，烹入料汁，炒至入味即可。

素鸡菠菜

原料: 素鸡30克、菠菜150克、植物油5克；盐、鸡精。

做法

1 菠菜洗净，切段。

2 锅内放油烧热，加入菠菜段、素鸡翻炒至熟，加入盐、鸡精炒至入味即可。

营养组合 24

干烧平鱼+虾皮炒白菜+椒盐花卷	
热量	581千卡
蛋白质	34.4克
脂肪	26.15克
糖类	69.8克
膳食纤维	5.71克

干烧平鱼

原料: 平鱼50克、肉末30克、植物油7克；葱、姜、蒜、豆瓣酱、醋、料酒、酱油、胡椒粉、盐、味精。

做法

1 将平鱼处理干净，入热油锅中稍炸，捞出备用。

2 葱、姜、蒜处理干净，切片。

3 炒锅中倒入植物油烧热，放入姜片、蒜片炒香，再加豆瓣酱炒香，烹入料酒、酱油，加入适量水，把平鱼、肉末、盐、胡椒粉放入锅中烧沸，转小火慢烧，鱼熟后盛盘。

4 继续用大火收汤汁，放入味精、葱片调味，淋入醋，浇在鱼身上即可。

虾皮炒白菜

原料: 小白菜200克、虾皮10克、植物油5克；葱、姜、盐、鸡精。

做法

1 小白菜去根，洗净，切段，用沸水焯一下，捞出备用；虾皮洗净；葱、姜洗净，切末备用。

2 炒锅放油烧热，加入虾皮、葱末、姜末炒出香味，放入烫好的小白菜炒熟，最后加入盐和鸡精炒匀即可。

椒盐花卷

原料: 自发面粉100克；椒盐。

做法

1 自发面粉加适量温开水和成面团，待发酵。

2 发酵面团擀成片，撒上椒盐，制成花卷，蒸熟即可。

营养组合 01

豆角焖羊肉+蒜苗炒豆腐+ 火腿鸡蛋汤+牛奶馒头	
热量	642千卡
蛋白质	30.3克
脂肪	23.83克
糖类	82.3克
膳食纤维	5.86克

豆角焖羊肉

原料： 羊肉25克、豆角100克；料酒、植物油、葱段、姜片、盐、酱油。

做法

1 羊肉洗净，切块，焯烫，捞出，沥干水分；豆角洗净，切成段。

2 热锅热油，炒香姜片、葱段，加羊肉块、料酒、酱油烧沸，再加豆角、盐，炖至肉软烂即可。

蒜苗炒豆腐

原料： 豆腐50克、蒜苗100克、植物油5克；盐、姜末、花椒末。

做法

1 将蒜苗洗净，切成段；花椒末用少许温开水化成花椒水。

2 锅内倒油烧热，放入姜末炒香，下入整块豆腐炒碎，再放入适量盐、花椒水及蒜苗段，炒至八九成熟即可。

火腿鸡蛋汤

原料： 火腿25克、鸡蛋1个；小葱、盐、鸡精、植物油。

做法

1 火腿切成丝；鸡蛋打散，在油锅中煎成鸡蛋薄饼，切成丝；小葱洗净，切末备用。

2 净锅中放水，加入火腿丝、鸡蛋皮丝煮2分钟，加入盐、鸡精、葱末调味即可。

牛奶馒头

原料： 自发面粉300克、牛奶90毫升；醋、植物油、泡打粉、白糖。

做法

1 用温水将白糖化开，倒进自发面粉中，加泡打粉、醋、植物油、牛奶充分搓揉，和成面团，发酵50分钟。

2 将发酵好的面团用擀面杖擀平，卷成长条，用刀切成相同大小的块，放入蒸笼内蒸15分钟即可。

营养组合 02

茄汁鸡球+凉拌黄瓜200克+ 素菜三丝汤+包子	
热量	640千卡
蛋白质	35.1克
脂肪	22.23克
糖类	80.1克
膳食纤维	6.34克

茄汁鸡球

原料: 鸡肉50克、茄汁15克、花生油8克、葱丝、姜丝、鸡蛋清、醋、料酒、香油、淀粉、盐、鸡精。

做法

1 鸡肉洗净,切成小粒,用鸡蛋清、淀粉抓匀制成丸子。

2 锅内倒花生油烧热,放入鸡肉丸滑透,捞出沥油;余油爆香葱丝、姜丝,放入茄汁、料酒煸炒,放入鸡丸、醋、盐、鸡精,用淀粉勾芡,淋上香油即可。

素菜三丝汤

原料: 冬笋、香菇、茭白各50克;香油、盐、鸡精、清汤。

做法

1 冬笋、香菇、茭白洗净,切丝。

2 锅中放清水,加入冬笋丝、香菇丝、茭白丝烧沸,稍烫后捞出。

3 锅中加入清汤,放入三丝,烧片刻,加入盐、鸡精、香油即可。

包子

原料: 自发面粉80克、荠菜150克、鸡蛋1个、虾皮15克;植物油、盐。

做法

1 自发面粉加水和成面团,待发酵后制成包子皮备用。

2 鸡蛋打成蛋液,入热锅中炒熟;荠菜洗净,切碎,与熟鸡蛋碎、虾皮、植物油、盐拌成馅,包入包子皮中,蒸熟即可。

黄油焖鸡翅+西芹百合+银耳红枣汤+玉米面发糕80克	
热量	638千卡
蛋白质	20.4克
脂肪	23.54克
糖类	94.4克
膳食纤维	8.8克

黄油焖鸡翅

原料: 鸡翅、洋葱各50克,黄油、植物油各5克;盐。

做法

1 鸡翅洗净;洋葱洗净,切丝。

2 锅内加植物油烧热,放入洋葱丝炒片刻,加入鸡翅和水焖10分钟后加入盐、黄油,再转小火焖20分钟,待鸡翅熟透,盛盘即可。

西芹百合

原料: 芹菜200克、鲜百合25克、植物油5克;盐、鸡精。

做法

1 芹菜洗净,切丝;百合去根,剥成片。

2 锅中放油烧热,加百合片和芹菜丝翻炒,加盐、鸡精炒熟即可。

银耳红枣汤

原料: 干银耳5克、红枣10克;盐、香油、葱。

做法

1 银耳用水泡发;葱洗净,切丝。

2 锅内放水,加红枣、银耳煮10分钟后加入葱丝、香油、盐即可。

烧海参虾仁+回锅豆腐+鸡丝清汤1碗+麻酱烧饼40克	
热量	639千卡
蛋白质	28.6克
脂肪	26.49克
糖类	61.0克
膳食纤维	4.87克

烧海参虾仁

原料: 水发海参45克、虾仁20克、植物油5克;葱、姜、盐、味精、料酒、酱油、水淀粉。

做法

1 虾仁从脊背片开,海参切成滚刀块,分别用沸水焯一下;葱洗净,切丝;姜洗净,切末。

2 炒锅中倒入油烧热,加入葱丝、姜末炝锅,烹入料酒、酱油,加入盐和适量清水，把虾仁、海参片倒入锅中煮透，加入味精，用水淀粉勾芡即可。

回锅豆腐

原料： 豆腐25克、青椒150克、植物油5克；葱、姜、蒜、盐、味精、豆瓣酱、香油、酱油、料酒。

做法

1 豆腐洗净，切成长方形片，入油锅炸至金黄色，捞出；青椒洗净，切成块；葱、姜、蒜均处理干净，切末备用。

2 锅内放植物油烧热，加入葱末、姜末、蒜末及豆瓣酱炒出香味，再放入料酒、盐、酱油调味，然后下入豆腐片、青椒块翻炒2分钟，加味精调味，最后淋上少许香油即可。

营养组合 05

肉末酸豆角+香辣藕丝+ 米饭45克	
热量	649千卡
蛋白质	28.6克
脂肪	25.37克
糖类	92.1克
膳食纤维	7.59克

肉末酸豆角

原料： 酸豆角60克、猪五花肉35克、植物油5克；料酒、酱油、葱、姜、盐、味精。

做法

1 酸豆角洗净，切成段，放进凉水中稍泡，沥干水分。

2 葱、姜洗净，切末；猪五花肉洗净，切末。

3 油锅烧热，加入葱末、姜末、肉末炒香，烹入料酒、酱油，随后放入酸豆角段稍炒，加入盐、味精炒熟即可。

香辣藕丝

原料： 莲藕200克、红尖椒50克、干辣椒10克、淀粉15克、植物油3克；香菜、鸡精、盐、葱、姜。

做法

1 莲藕去皮，切成丝，放入清水中浸泡备用。

2 红尖椒、葱、姜切成丝；干辣椒泡软，切成细丝备用。

3 藕丝沥干水分，加淀粉拌匀，下油锅炸成金黄色，取出。

4 炒锅加入干辣椒丝煸炒，放入葱丝、姜丝、藕丝、红尖椒丝、香菜，撒盐、鸡精翻炒几下即可。

营养组合 06

清炒鱼笋片+鸡蛋炒韭菜+火腿丝汤+米饭100克	
热量	662千卡
蛋白质	32.3克
脂肪	22.98克
糖类	56.1克
膳食纤维	4.65克

清炒鱼笋片

原料: 草鱼肉50克、肉笋60克、植物油4克;姜丝、水淀粉、料酒、葱丝、盐、香油。

做 法

1 草鱼肉切片,用水淀粉抓一下,肉笋洗净切成片,分别焯熟。

2 油锅烧热,爆香葱丝、姜丝,加入肉笋片、鱼肉片、盐、料酒炒熟,淋上香油即可。

鸡蛋炒韭菜

原料: 韭菜150克、鸡蛋1个、植物油5克、盐。

做 法

1 韭菜洗净,切段;鸡蛋打散。

2 油锅烧热,加鸡蛋液炒熟,下韭菜段翻炒,加盐调味即可。

火腿丝汤

原料: 火腿、葱各20克;盐、鸡精、香油。

做 法

1 火腿切丝;葱洗净,切丝。

2 锅内放水,加入火腿丝、葱丝稍煮,加入盐、鸡精、香油,略煮3分钟即可。

营养组合 07

烩鸡肉丸子冬瓜+腐乳龙须菜+黄瓜鸡蛋汤1碗	
热量	671千卡
蛋白质	27.1克
脂肪	26.31克
糖类	74.9克
膳食纤维	5.96克

烩鸡肉丸子冬瓜

原料: 鸡肉丸子30克、冬瓜100克、水淀粉1克、香油3克、植物油5克;鸡精、盐、葱末、姜末。

做 法

1 冬瓜去皮,洗净,切片。

2 锅内放植物油烧热,放入葱末、姜末炒香,加入少许水、鸡肉丸子、冬瓜片烧煮至将熟,加入

盐、鸡精，继续烩5分钟，再加入
少许水淀粉，淋上香油即可。

腐乳龙须菜

原料： 龙须菜200克、猪瘦肉25克、
豆腐乳10克、植物油7克、香油2克；
淀粉、料酒、酱油、蒜。

做 法

1 龙须菜洗净，去老根、老叶、粗
  梗，掰成小段。

2 猪瘦肉洗净，切成丝，放料酒、
  酱油、淀粉腌渍10分钟；蒜洗
  净，切成末。

3 植物油倒入锅中烧热，放入肉丝
  炒散，盛盘备用。

4 锅中余油烧热，炒香蒜末，放
  入龙须菜同炒，加入豆腐乳和料
  酒，再放入肉丝翻炒均匀，淋适
  量香油即可。

营养组合 08

肉末酿番茄+草菇西蓝花+ 虾仁青菜汤+馒头100克	
热量	670千卡
蛋白质	32.5克
脂肪	24.76克
糖类	96.8克
膳食纤维	5.51克

肉末酿番茄

原料： 番茄200克、猪肉末20克；植
物油、酱油、盐、味精、葱、姜。

做 法

1 葱、姜洗净，切末。

2 肉末放入碗内，加入葱末、姜
  末、酱油、味精、盐拌成馅。

3 番茄洗净，去蒂、籽，塞入肉
  馅，放盘内，入锅蒸熟即可。

草菇西蓝花

原料： 西蓝花150克、草菇25克、香
油6克；玉米粉、盐、鸡精、清汤。

做 法

1 西蓝花掰朵，焯烫，沥水。

2 锅内加清汤、西蓝花、盐、鸡
  精，用小火烧3分钟后盛盘；将
  草菇倒锅内烧透，用玉米粉勾
  芡，淋上香油，盛盘即可。

虾仁青菜汤

原料： 大虾仁15克、青菜叶100克、
香油4克；盐、鸡精、清汤。

做 法

1 虾仁去沙线，洗净；青菜叶洗净。

2 锅中加清汤烧沸，煮熟虾仁，放
  青菜叶、盐、鸡精、香油即可。

营养组合 09

炸烹虾段+奶油菜花+娃娃菜火腿汤+玉米面发糕50克	
热量	703千卡
蛋白质	27.3克
脂肪	26.32克
糖类	94.2克
膳食纤维	5.25克

炸烹虾段

原料： 大虾50克、鸡蛋1个、面粉15克、色拉油9克；清汤、水淀粉、料酒、醋、盐、味精、葱丝、姜丝、蒜片、香油。

做法

1 将鸡蛋取蛋清，加入水淀粉、面粉调成糊；大虾处理干净，切成段备用。

2 将清汤、料酒、醋、盐、味精、葱丝、姜丝、蒜片调成料汁。

3 锅中加入色拉油烧至六成热，放入虾段炸至金黄色捞出；锅内留底油，烹入料汁炒香，淋上香油，浇在虾段上即可。

奶油菜花

原料： 菜花150克、奶油20克；盐、鸡精、水淀粉。

做法

1 菜花洗净，掰成小块，焯熟。

2 锅内加入清水、盐、鸡精，再加入菜花和奶油，烧至菜花熟，用水淀粉勾芡即可。

娃娃菜火腿汤

原料： 娃娃菜4棵、火腿40克；盐、鸡精、香油、葱、姜、香菜段、清汤。

做法

1 娃娃菜洗净，切成块；火腿切薄片；葱、姜洗净，切成丝。

2 锅内倒入适量清汤，烧沸后放入娃娃菜，开锅后加入火腿片、盐、鸡精，撒上葱丝、香菜段、姜丝，淋上香油即可。

营养组合 10

丝瓜酿肉+葱油全鱼+ 鸡蛋炒饭80克	
热量	700千卡
蛋白质	26.3克
脂肪	24.45克
糖类	95.6克
膳食纤维	2.18克

葱油全鱼

原料: 草鱼50克，香菜、葱各30克，香油5克、酱油、盐、味精、料酒、胡椒粉、清汤。

做法

1 将葱洗净，切成段；姜洗净，切成片；香菜洗净，切成段。

2 将草鱼洗净，两面分别切花刀，放入鱼盘内，加入一部分葱段、姜片、料酒、盐、清汤，上笼蒸15分钟，草鱼熟后，捞出，装盘备用。

3 炒锅内放入酱油、料酒、胡椒粉、盐、味精、清汤烧沸，泼在鱼身上，撒上剩余的葱段，并将香菜段码在鱼的四周即可。

4 炒锅再置火上，放入香油，烧至九成热时，浇在草鱼身上的葱段上即可。

丝瓜酿肉

原料: 丝瓜500克，猪肉、番茄各100克，蘑菇50克、盐、料酒、黄酱、鸡精、水淀粉、香菜末、姜末、香油、高汤、植物油。

做法

1 丝瓜洗净，切段，去瓤；番茄放沸水中焯烫后去皮、蒂，切成黄豆粒大小的丁；猪肉洗净，切末；蘑菇洗净，切丁。

2 锅置火上，倒植物油烧至四成热时，下姜末、肉末炒匀，加入料酒、黄酱、蘑菇翻炒后盛出；放入番茄丁、香菜末、鸡精拌匀，再酿入丝瓜中，上锅蒸5分钟。

3 另起净锅，放入高汤、盐、鸡精，煮沸后用水淀粉勾芡，淋香油，浇入蒸好的丝瓜盘中即可。

烧香菇鸡块+蚝油生菜+ 鸡蛋番茄面	
热量	740千卡
蛋白质	34.5克
脂肪	29.83克
糖类	90.6克
膳食纤维	8.45克

烧香菇鸡块

原料：干香菇20克、鸡块50克、植物油10克；酱油、盐、鸡精、姜末。

做法

1 香菇泡发，切成片；鸡块用沸水焯烫一下，捞出，沥水备用。

2 锅内加油烧热，放入姜末炒香，加入鸡肉块、香菇片翻炒，再加入酱油、水烧30分钟，加入盐、鸡精收汁，出锅即可。

蚝油生菜

原料：生菜200克、蚝油10克、植物油5克；葱末、盐。

做法

1 生菜洗净，切片备用。

2 锅中倒油烧热，放葱末炒香，加生菜片、蚝油、盐，炒熟即可。

鸡蛋番茄面

原料：鸡蛋1个、番茄100克、擀面条80克、香油2克；盐。

做法

1 番茄洗净，切成片。

2 锅中加水烧沸，放入番茄片、擀面条煮至面条熟，淋入鸡蛋稍煮，加盐、香油调味即可。

菊花肉丝+拌什锦小菜+ 麻酱花卷50克	
热量	738千卡
蛋白质	34.2克
脂肪	29.56克
糖类	93.4克
膳食纤维	11.29克

菊花肉丝

原料：猪肉70克、菊花50克、花生油5克、淀粉10克；盐、味精。

做法

1 猪肉洗净，切丝，用淀粉、盐拌匀上浆；菊花掰散，洗净，沥干水分；将淀粉、盐、味精调成味汁备用。

2 炒锅烧热，倒入花生油，放入肉丝炒散，烹入味汁炒至入味，放入菊花稍炒即可。

拌什锦小菜

原料: 花生米10克、胡萝卜90克、芹菜100克；香油、盐、鸡精。

做法

1 胡萝卜、芹菜洗净，切块，用沸水焯烫一下；花生米煮熟。

2 花生米、胡萝卜块、芹菜块、香油、盐、鸡精拌匀即可。

营养组合 13

山药炒肉片+小泥肠炒鸡蛋+米饭55克	
热量	740千卡
蛋白质	34.7克
脂肪	35.12克
糖类	70.9克
膳食纤维	1.28克

山药炒肉片

原料: 山药150克、猪瘦肉40克、鸡蛋1个、花生油4克；肉汤、淀粉、酱油、香油、料酒、葱片、姜片、盐、味精。

做法

1 山药去皮，洗净，切斜片，用凉水洗一下，捞出，沥水。

2 猪瘦肉切成片，放入碗内，加入盐、料酒、鸡蛋液、淀粉，拌匀上浆。

3 炒锅倒入花生油烧至五成热，放入肉片滑散，捞出沥油；原锅留底油，转用大火，加入葱片、姜片煸炒出香味，加入酱油、料酒、盐、肉汤烧沸，放入山药片、肉片迅速煸炒至熟，淋上香油并炒匀，加适量味精即可。

小泥肠炒鸡蛋

原料: 鸡蛋1个、小泥肠35克、牛奶100毫升、植物油5克；盐。

做法

1 将鸡蛋磕入碗中，放入牛奶、盐拌匀。

2 泥肠切成薄片。

3 锅中倒入植物油烧热，放入泥肠炒几下，再放入鸡蛋液，翻炒几下，加盐调味即可。

营养组合 14

尖椒熘肝片+芝麻菠菜+椒盐花卷80克	
热量	751千卡
蛋白质	38.2克
脂肪	30.23克
糖类	100.7克
膳食纤维	42.64克

尖椒熘肝片

原料: 鲜猪肝75克,尖椒150克,玉米淀粉、淀粉各10克;植物油、料酒、酱油、葱、姜、醋、盐、味精。

做法

1 猪肝洗净,切片,用盐、料酒、玉米淀粉拌匀上浆;尖椒、葱、姜洗净,切片;将料酒、酱油、醋、盐、味精、淀粉、水调成味汁备用。

2 锅内加植物油烧热,放入猪肝、尖椒片滑散,捞出;余油爆香葱片、姜片,再放入猪肝、尖椒炒熟,烹入调好的味汁即可。

芝麻菠菜

原料: 菠菜200克、熟芝麻6克、香油5克;盐、鸡精。

做法

1 菠菜洗净,切段,焯烫备用。

2 将盐、鸡精、香油、熟芝麻与菠菜一起拌匀即可。

营养组合 15

炸茄合+番茄鸡蛋+馒头60克	
热量	760千卡
蛋白质	36.0克
脂肪	30.98克
糖类	97.3克
膳食纤维	25.12克

炸茄合

原料: 鲜茄子200克、猪肉末50克、鸡蛋1个、面粉25克、花生油12克;料酒、盐。

做法

1 将茄子洗净,切成直径5厘米、厚1厘米的圆片,再用刀从中间切成双连片。

2 肉末、料酒、盐拌匀,填入茄合中;鸡蛋打散,加面粉调成糊。

3 锅中加花生油烧至温热,将茄合放入蛋糊中蘸匀,逐个放入油锅中炸熟,捞出即可。

番茄鸡蛋

原料: 番茄200克、鸡蛋1个、水淀粉10克、植物油5克;葱段、盐。

做 法

1 番茄洗净,切丁;打出鸡蛋液。

2 热锅热油,爆香葱段,放入番茄丁、盐炒匀,淋上蛋液烧至蛋液凝固,用水淀粉勾芡即可。

营养组合 16

香肠炒菜花+凉拌海蜇皮黄瓜+咖喱炒米饭	
热量	761千卡
蛋白质	25.3克
脂肪	20.98克
糖类	105.0克
膳食纤维	15.97克

香肠炒菜花

原料: 香肠30克、菜花225克、植物油5克;盐、鸡精、葱。

做 法

1 香肠切片;菜花洗净,切块,用沸水烫一下;葱洗净,切末。

2 锅内放油烧热,加入葱末,然后加入香肠片、菜花块翻炒均匀,加入盐、鸡精炒匀即可。

凉拌海蜇皮黄瓜

原料: 海蜇皮80克、黄瓜150克、香油1克;盐、味精、蒜末。

做 法

1 海蜇皮洗净,泡5小时,切丝;黄瓜洗净,去皮,切成条。

2 将海蜇皮丝和黄瓜条、盐、香油、味精、蒜末拌匀即可。

咖喱炒米饭

原料: 黄瓜、胡萝卜、洋葱、蘑菇各50克;熟米饭、植物油、咖喱粉。

做 法

1 黄瓜、胡萝卜、洋葱、蘑菇分别洗净,切丁备用。

2 炒锅倒入植物油烧热,放入咖喱粉炒香,加入切好的菜丁炒至入味,加入熟米饭炒匀即可。

牛肉白萝卜+鸡丝金针菇+米饭100克	
热量	771千卡
蛋白质	37.3克
脂肪	30.53克
糖类	97.3克
膳食纤维	5.28克

牛肉白萝卜

原料: 牛肉块60克、白萝卜250克；植物油、酱油、盐、鸡精、葱、姜。

做法

1 牛肉块用沸水烫一下；白萝卜洗净，切块；葱、姜洗净，切末。

2 锅内放油烧热，加入葱末、姜末，加入牛肉块翻炒片刻，放入酱油和水烧1小时，加白萝卜块、盐、鸡精继续烧5分钟即可。

鸡丝金针菇

原料: 鸡脯肉50克、金针菇80克、红椒40克；香油、盐、味精。

做法

1 鸡脯肉洗净，用沸水煮熟后切丝备用。

2 金针菇洗净，去根，切成段；红椒洗净，切丝，焯熟。

3 将鸡丝、金针菇段、红椒丝、盐、味精拌在一起，最后加入香油即可。

营养组合 18

宫保肉丁+芹菜炒猪肉+口蘑清汤1碗+花卷60克	
热量	759千卡
蛋白质	31.6克
脂肪	37.7克
糖类	95.8克
膳食纤维	38.0克

宫保肉丁

原料: 猪瘦肉70克、花生仁15克、花生油5克；淀粉、白醋、酱油、干红辣椒、葱片、姜片、蒜片、花椒、盐、味精。

做法

1 将猪瘦肉切成2厘米见方的丁，用淀粉、盐腌渍一下；干红辣椒切成1厘米长的小段；把白醋、酱油、味精、盐、淀粉拌匀，调成汁备用。

2 炒锅中放入油烧热，花生仁下锅

炸熟捞出，将干红辣椒段、花椒放入余油中炒至出辣味后，放入肉丁炒散，加入葱片、姜片、蒜片稍炒，倒入调好的味汁炒熟，最后放入花生仁炒匀即可。

芹菜炒猪肉

原料: 猪瘦肉40克、芹菜250克、熟芝麻10克；植物油、香油、盐、鸡精。

做法

1 芹菜洗净，去筋，切条，焯熟。

2 热锅热油，下猪肉块翻炒至断生，加盐、鸡精、香油、熟芝麻拌匀即可。

营养组合 19

蚝油牛肉片+素菜包子+三色沙拉	
热量	760千卡
蛋白质	28.5克
脂肪	26.20克
糖类	106.0克
膳食纤维	3.98克

蚝油牛肉片

原料: 蚝油10克、牛肉片25克、植物油5克、水淀粉10克；葱。

做法

1 牛肉片加水淀粉上浆；葱洗净，切末。

2 锅内放植物油烧热，加入葱末炝锅，再加入牛肉片翻炒，然后加入蚝油炒匀即可。

素菜包子

原料: 青菜150克、自发面粉85克、鸡蛋1个、植物油3克；盐。

做法

1 自发面粉加适量温开水和成面团，待发酵后制成包子皮备用。

2 青菜洗净，切碎，磕入鸡蛋液，加植物油、盐拌匀成馅。

3 包子皮中包入馅，蒸熟即可。

三色沙拉

原料: 黄瓜、胡萝卜各100克、熟鸡蛋1个、沙拉酱15克。

做法

1 黄瓜、胡萝卜洗净，去皮，切丁（胡萝卜用沸水焯烫一下）；熟鸡蛋切块。

2 用沙拉酱将黄瓜丁、胡萝卜丁和鸡蛋块拌在一起即可。

营养组合 01

洋葱番茄炒牛肉丝+口蘑菜花+番茄鸡蛋汤+米饭90克	
热量	818千卡
蛋白质	35.1克
脂肪	26.11克
糖类	118.2克
膳食纤维	7.83克

洋葱番茄炒牛肉丝

原料: 洋葱100克、番茄200克、牛肉丝50克、植物油1克、水淀粉5克；盐、鸡精、白糖。

做法

1 洋葱洗净，切丝；番茄洗净，切片备用。

2 牛肉丝加水淀粉上浆。

3 锅内加植物油，加入牛肉丝煸炒至变色，加入洋葱翻炒3分钟，加入番茄片、盐、鸡精、白糖烧至入味即可。

口蘑菜花

原料: 口蘑20克、菜花200克、植物油8克、水淀粉5克；香油、盐、葱末。

做法

1 菜花洗净，切块。

2 锅内放入植物油烧热，加入葱末炝锅，加入口蘑、菜花、少许水焖烧片刻，加盐烧2分钟，用水淀粉勾芡，淋香油即可。

番茄鸡蛋汤

原料: 鸡蛋2个、番茄150克、菠菜100克；高汤、盐。

做法

1 鸡蛋磕入碗中，打成蛋液；番茄用沸水稍烫，去皮及籽，切片。

2 菠菜洗净，入沸水锅中稍焯，捞出，用凉水过凉，切段。

3 锅中加入高汤，用大火煮沸，加番茄片煮3分钟，下菠菜段，淋入蛋液搅匀，加盐调味即可。

营养组合 02

尖椒碎米鸡+栗子炖白菜+ 肉丝银芽汤+馒头125克	
热量	818千卡
蛋白质	36.1克
脂肪	28.89克
糖类	111.9克
膳食纤维	42.9克

尖椒碎米鸡

原料: 鸡脯肉50克、尖椒150克、鸡蛋1个、植物油10克;淀粉、葱、姜、料酒、胡椒粉、盐、味精。

做法

1 鸡蛋磕入碗中,打成蛋液。

2 鸡脯肉洗净,切成黄豆粒大小的丁,用盐、料酒、鸡蛋液和淀粉拌匀上浆。

3 尖椒洗净,切丁;葱、姜洗净,切末备用。

4 将料酒、盐、味精、胡椒粉和淀粉放碗中拌匀,调成汁备用。

5 锅中倒入植物油烧热,放入鸡脯肉丁、尖椒丁炒散,捞出沥油。

6 锅中留底油,加入葱末、姜末、鸡肉丁、尖椒丁翻炒,并烹入调好的汁,炒熟即可。

栗子炖白菜

原料: 生板栗25克、白菜心150克;鸡汤、水淀粉、盐、鸡精。

做法

1 将生板栗去壳,切成两半;白菜心洗净,切长条备用。

2 锅内放入鸡汤、板栗煮沸,加入白菜心煮至板栗熟透,加入盐、鸡精调味,用水淀粉勾芡即可。

肉丝银芽汤

原料: 猪肉丝20克、绿豆芽80克、香油1克;盐、香菜末、清汤、淀粉。

做法

1 肉丝加淀粉上浆;绿豆芽洗净。

2 锅中放清汤烧沸,加入猪肉丝和绿豆芽稍煮,加入盐、香菜末调味,淋上香油即可。

香肠炒荷兰豆+皮蛋豆腐+ 麻酱花卷140克	
热量	820千卡
蛋白质	29.0克
脂肪	29.42克
糖类	112.0克
膳食纤维	2.99克

香肠炒荷兰豆

原料: 香肠30克、荷兰豆75克、植物油8克、葱末、盐、鸡精。

做法

1 香肠切片;荷兰豆洗净。

2 锅内放油烧热,用葱末炝锅,加入荷兰豆翻炒,然后加入香肠片,最后加入盐、鸡精炒匀,盛盘即可。

皮蛋豆腐

原料: 豆腐25克、皮蛋20克、香油2克;盐、味精。

做法

1 豆腐洗净,切丁;皮蛋切丁。

2 将豆腐丁和皮蛋丁放在碗内,淋上调好的盐水、香油、味精,拌匀即可。

清炖羊排白萝卜+ 素焖扁豆+牛舌饼	
热量	819千卡
蛋白质	37.2克
脂肪	31.41克
糖类	105.0克
膳食纤维	8.18克

清炖羊排白萝卜

原料: 羊排50克、白萝卜200克;盐、鸡精、大料、花椒、葱段、姜片、料酒。

做法

1 白萝卜洗净,切片;羊排放沸水锅中焯熟,盛出,沥水。

2 锅中放入清水,加入白萝卜片、羊排、大料、花椒、葱段、姜片和料酒煮15分钟,改小火煮30分钟,然后捞出大料、花椒、葱段、姜片和浮沫,加入盐、鸡精调味即可。

素焖扁豆

原料: 扁豆80克、植物油13克;盐、葱末、大料、蒜末、酱油、鸡精。

做法

1 扁豆洗净,去筋,切成段。

2 锅内倒油烧热，加入大料、葱末
炒香后加入扁豆段炒片刻，再加
入酱油和清水，扁豆段熟后加入
盐、鸡精调味，最后加入蒜末炒
匀即可。

牛舌饼

原料： 自发面粉60克；盐、芝麻酱、
花椒粉、花生油。

做 法

1 将芝麻酱放入碗中，加入花生油
调制成芝麻酱汁。

2 自发面粉放入盆中，加入适量水
和成面团，静置发酵。

3 发酵好的面团揉匀，制成剂子，
擀成长方形薄片，抹上一层芝麻
酱汁，撒少许盐和花椒粉，搓成
圆条，擀成饼坯，烤熟即可。

营养组合 05

猪肝炒黄瓜+番茄双蛋+ 大饼100克	
热量	820千卡
蛋白质	28.8克
脂肪	25.33克
糖类	106.6克
膳食纤维	12.64克

猪肝炒黄瓜

原料： 猪肝50克、黄瓜200克、植物
油10克、水淀粉15克；酱油、淀粉、
料酒、盐、葱、姜。

做 法

1 猪肝洗净，切成柳叶片，用少许
淀粉、盐拌匀上浆。

2 黄瓜洗净，切成薄片；葱切成
丝；姜切成末。

3 炒锅倒油烧至七成热，放入猪肝
片滑散，捞出沥油。

4 原锅留油，加入葱丝、姜末爆
香，放入猪肝片、黄瓜片翻炒，
再加入酱油、料酒、盐炒熟，用
水淀粉勾芡，盛盘即可。

番茄双蛋

原料： 皮蛋40克、咸蛋20克、番茄
200克、香油1克；生抽、酱油、盐。

做 法

1 皮蛋和咸蛋去皮，切成块；番茄
洗净，切成片。

2 盘中放入皮蛋块、咸蛋块和番茄
片，加入生抽、酱油、香油、
盐拌匀，盛盘即可。

家常酱猪蹄+莴笋炒鸡蛋+菜丝炒河粉	
热量	858千卡
蛋白质	41.4克
脂肪	31.21克
糖类	104.8克
膳食纤维	2.47克

家常酱猪蹄

原料: 猪蹄80克、植物油3克；葱、姜、蒜、豆瓣酱、酱油、料酒、陈皮、大料、盐、味精。

做法

1 猪蹄处理干净，放在火上烧至外皮变成黄色，放入热水中稍泡，再把表皮烤至黄色，用刀从中间片开；葱、姜、蒜切片。

2 油锅烧热，煸香豆瓣酱，再加入葱片、姜片、蒜片、大料、陈皮，烹入酱油、料酒，加入清水，将猪蹄、盐放入锅中烧沸，转小火焖煮，待熟烂后盛出，凉凉，加味精调味即可。

莴笋炒鸡蛋

原料: 鸡蛋1个、莴笋200克、植物油5克；盐、鸡精、葱、姜。

做法

1 葱、姜洗净，切末。

2 鸡蛋磕入碗中，搅打成蛋液；莴笋洗净，去皮切片。

3 锅内放入植物油烧热，炒香葱末、姜末，加入鸡蛋液炒熟，再加莴笋片翻炒片刻，加入盐、鸡精调味即可。

菜丝炒河粉

原料: 生河粉120克、油菜100克、植物油3克、盐。

做法

1 河粉洗净，放入沸水锅中煮熟。

2 油菜洗净，切成段。

3 炒锅中倒入植物油烧热，放入油菜稍炒，加入河粉、盐炒至入味，盛盘即可。

软炸鸡条+番茄菜花+虾仁豆腐汤+玉米面窝头70克	
热量	860千卡
蛋白质	43.8克
脂肪	29.7克
糖类	120.3克
膳食纤维	7.57克

软炸鸡条

原料： 鸡脯肉70克、面粉20克、鸡蛋1个；植物油、盐、鸡精、发酵粉。

做法

1 鸡脯肉洗净，切条。

2 鸡蛋打成蛋液，加入盐、鸡精、面粉和少许发酵粉，搅打成面糊备用。

3 锅内放油烧至三成热，加入鸡肉条蘸面糊，炸3分钟至熟即可。

番茄菜花

原料： 番茄250克、菜花150克、植物油5克；盐、鸡精。

做法

1 番茄、菜花洗净，分别切块，菜花用沸水焯一下备用。

2 锅内放入植物油，加入番茄块煸炒，再加入菜花块炒熟，最后加入盐、鸡精调味，出锅即可。

虾仁豆腐汤

原料： 虾仁15克、豆腐20克、白菜心100克、粉丝80克；盐、鸡精、香油、清汤。

做法

1 虾仁洗净；豆腐洗净，切条；白菜心洗净，去根。

2 锅中加入清汤，加入粉丝、虾仁、豆腐条、白菜心稍煮，然后加入盐、鸡精调味，淋上香油，起锅即可。

营养组合 08

番茄鸡丁+蒜蓉荷兰豆+紫菜虾皮汤+椒盐花卷90克

热量	860千卡
蛋白质	44.2克
脂肪	31.30克
糖类	103.4克
膳食纤维	5.84克

番茄鸡丁

原料： 鸡丁80克、冬笋75克、植物油10克、水淀粉16克；鸡蛋清、番茄酱、盐、料酒、酱油、淀粉、姜末。

做法

1 鸡丁放入碗中，用蛋清、盐、料酒、淀粉拌匀，腌渍5分钟；冬笋去皮，洗净，切丁，焯烫，捞出备用。

2 锅中倒入植物油烧至四成热，放入番茄酱，炒出红油后加鸡丁、冬笋丁、酱油、盐、姜末烧至入味，最后加入水淀粉翻炒均匀，盛盘即可。

蒜蓉荷兰豆

原料: 荷兰豆150克、植物油10克、香油1克；蒜、盐、鸡精。

做法

1 蒜洗净，切末；荷兰豆洗净。

2 锅内放入植物油烧热，加入蒜末炒香，加入荷兰豆炒至将熟，加入盐、鸡精、香油调味即可。

紫菜虾皮汤

原料: 虾皮、紫菜各10克；盐、鸡精、香油、香菜、清汤。

做法

1 紫菜撕开；香菜洗净，切末。

2 锅中放入清汤，加入紫菜、虾皮稍煮，加入盐、鸡精、香菜末，淋入香油即可。

烧焖牛肉+银针胡萝卜丝+ 冬瓜猪肉丸子汤+花卷130克	
热量	910千卡
蛋白质	50.6克
脂肪	35.20克
糖类	124.2克
膳食纤维	15.49克

烧焖牛肉

原料: 牛肉90克、植物油8克；葱丝、姜丝、盐、味精。

做法

1 牛肉洗净，切成块。

2 锅中倒油，加牛肉块煸炒，加葱丝、姜丝和清水烧沸，改小火焖至八成熟，加入盐，改小火焖熟，收浓汤汁，加味精即可。

银针胡萝卜丝

原料: 豆芽150克、胡萝卜130克、植物油5克；盐、鸡精、葱丝。

做法

1 豆芽洗净；胡萝卜洗净，切丝。

2 锅内放入油烧热，加入葱丝炝锅，然后加入胡萝卜丝、豆芽翻炒，加入盐、鸡精调味即可。

冬瓜猪肉丸子汤

原料： 冬瓜块100克、猪肉馅70克；香油、盐、酱油、鸡精、蛋清、香菜。

做 法

1 猪肉馅中加入盐、酱油、鸡精、蛋清拌匀，调成丸子馅，捏成猪肉丸；香菜洗净，切成末。

2 锅中加入沸水，将猪肉丸放入锅中稍煮，加入冬瓜块煮熟，加盐、鸡精、香油、香菜调味。

营养组合 10

香葱爆羊肉+椒盐圆白菜丝+ 鸡爪汤+花卷190克	
热量	912千卡
蛋白质	53.9克
脂肪	32.26克
糖类	127.0克
膳食纤维	17.19克

香葱爆羊肉

原料： 羊肉70克、葱50克、植物油10克、鸡蛋液25克；料酒、酱油、姜丝、味精、盐、胡椒粉。

做 法

1 羊肉洗净，切片，加入鸡蛋液、料酒、盐、酱油、姜丝拌匀，取

少许植物油淋在上面；葱洗净，切葱花。

2 锅内放油烧热，放入羊肉片煸炒至变色，烹入料酒、酱油、稍翻炒后，加入葱花、盐、味精、胡椒粉，炒至羊肉熟即可。

椒盐圆白菜丝

原料： 圆白菜200克、植物油5克；椒盐、鸡精、葱。

做 法

1 圆白菜洗净，切丝；葱洗净，切末备用。

2 锅内放油烧热，加入葱末炒香，再加入圆白菜丝翻炒片刻，加入鸡精、椒盐翻炒，盛盘即可。

鸡爪汤

原料： 鸡爪60克、枸杞子10克；盐、鸡精、姜、葱、香菜。

做 法

1 鸡爪洗净；葱、姜洗净，切片；香菜洗净，切末。

2 鸡爪放入沸水锅中焯烫一下，捞出，沥干水分。

3 锅中加入清水，加入鸡爪、葱片、姜片、枸杞子煮40分钟，加入盐、鸡精、香菜末稍煮，起锅即可。

红烧带鱼段+口蘑冬瓜+ 萝卜排骨汤+馒头70克	
热量	902千卡
蛋白质	49.2克
脂肪	32.13克
糖类	83.9克
膳食纤维	15.44克

红烧带鱼段

原料: 鲜带鱼80克、面粉15克、植物油5克;葱、姜、酱油、料酒、水淀粉、蒜、醋、盐、味精、甜面酱。

（做 法）

1 带鱼去掉头尾,切成5厘米长的段,洗净后蘸面粉,入热油锅中煎成两面呈浅黄色备用;葱切丝,姜、蒜切片。

2 炒锅中倒油烧热,加入葱丝、姜片、蒜片炝锅,把煎好的带鱼段码入锅内,加入料酒、酱油、醋、盐、甜面酱,用大火烧沸,转小火烧透,加入味精,用水淀粉勾芡即可。

口蘑冬瓜

原料: 口蘑20克、冬瓜200克、植物油5克;鸡精、盐。

（做 法）

1 冬瓜、口蘑分别洗净,切片。

2 锅内放油烧至五成热,加入冬瓜片翻炒片刻,加入口蘑片翻炒,出锅前加入盐、鸡精调味即可。

萝卜排骨汤

原料: 白萝卜100克、排骨70克、香油2克;盐、香菜、葱段、姜片。

（做 法）

1 白萝卜洗净,切片;排骨洗净,剁成块备用。

2 锅内放入水烧沸,加入葱段、姜片、排骨块同煮,排骨块煮熟后加入白萝卜片、盐,最后加香菜,淋上香油即可。

营养组合 12

韭菜肉丝+芝麻藕片+蒜黄腊肉+猪肉粉丝菠菜+馒头40克	
热量	930千卡
蛋白质	45.0克
脂肪	36.58克
糖类	105.9克
膳食纤维	25.52克

韭菜肉丝

原料： 猪肉100克、甜面酱20克、韭菜花150克、淀粉10克、植物油5克；盐、鸡精、酱油。

做法

1 将猪肉洗净，切丝，加盐、淀粉上浆；韭菜花切碎；将盐、酱油、鸡精、淀粉调成味汁。

2 锅内倒油烧热，加入肉丝炒散，加甜面酱、韭菜花炒熟，最后烹入味汁即可。

芝麻藕片

原料： 莲藕250克、熟芝麻15克、香油2克；盐、鸡精、葱末。

做法

1 莲藕洗净，切成片。

2 将盐、鸡精、香油、葱末、熟芝麻撒在藕片上，拌匀即可。

蒜黄腊肉

原料： 蒜黄250克、腊肉60克、花生油5克；盐、味精。

做法

1 蒜黄洗净，切段；腊肉切片。

2 炒锅倒入花生油烧热，放入腊肉片煸炒后，放入蒜黄段、盐、味精一起炒熟即可。

猪肉粉丝菠菜

原料： 猪瘦肉60克、粉丝20克、菠菜100克；香油、盐、鸡精、香菜末。

做法

1 猪瘦肉洗净，切条，放沸水中焯熟；粉丝用沸水烫一下；菠菜洗净，切段，用沸水焯烫备用。

2 盆中放入粉丝、菠菜段、盐、鸡精、香油拌匀，加香菜末即可。

图书在版编目(CIP)数据

糖尿病食物交换份速查/《美食天下》编委会编.-重庆:重庆出版社,2012.11
(美食天下·第1辑)
ISBN 978-7-229-05893-7

Ⅰ.①糖… Ⅱ.①美… Ⅲ.①糖尿病-食物疗法-食谱 Ⅳ.①R247.1②TS972.161

中国版本图书馆CIP数据核字(2012)第266504号

美食天下 第一辑

糖尿病食物交换份速查

出 版 人:罗小卫	设计统筹:韩少杰
策 划: 华章同人	版式设计:孙阳阳
责任编辑:陈建军	封面设计:夏 鹏
特约编辑:冷寒风 史 倩	美术编辑:吴金周
文字撰稿:陈 伟 农 艳	图片拍摄:传 易 卡 通

重庆出版集团
重庆出版社 出版

(重庆长江二路205号)

北京威远印刷厂 印刷

重庆出版集团图书发行公司 发行

邮购电话:010-85869375/76/77转810

E-MAIL:tougao@alpha-books.com

全国新华书店经销

开本:889mm×1194mm 1/24 印张:120 字数:1600千字

版印次:2013年1月第1版 2013年1月第1次印刷

定价:480.00元(全40册)

如有印装质量问题,请致电023-68706683